発刊に寄せて

阿讃の峠を越えて

香川民俗学会会長　西山　市朗

この度、香川民俗学会の会員の冨田紀久子さんが、長年の研究成果を『あわ／さぬき　借耕牛探訪記』として上梓されましたので、ご紹介いたします。

冨田さんは女子美術大学卒業後、デザイナーとして活躍中「借耕牛」に出会い、一人でコツコツと阿讃の峠を越えて現地取材をし、ついに、塩江の竹藪の中での牛の墓の発見がきっかけとなり、借耕牛（カリコ）の絵画制作にも着手されたと聞いております。

香川民俗学会は発足して50年を迎えました。冨田さんは入会後10年、毎年のように学会で研究発表をし成果を問い、学びを深めてきました。30年の長きにわたって阿讃の峠を歩き、越え、その土地土地の人々の協力を得て、江戸時代中期から昭和40年代まで250年にわたって行われていた借耕牛の調査・研究を続けてこられました。今では風化し伝説・昔話のようになってきている借耕牛についての絵画を出品され県展で入選もされました。また、絵巻物、紙芝居にして個展を開かれたり、講演にと地域で精力的に取り組まれています。最近38番目の牛の墓を見つけることができたのを機に、新型コロナウィルス禍の下で成果をまとめられました。

多くの人に借耕牛について知って欲しいという冨田さんの熱き想いは、貴重な資料と共に後世に伝えていかれると思います。

令和３年12月

目次

発刊に寄せて　―阿讃の峠を越えて―　香川民俗学会会長　西山　市朗

▼絵巻物……阿讃のちょっと昔話 …… 1

▼紙芝居……カリコと少女 …… 5

▼我が心の原風景「カリコ」 …… 42

▼借耕牛に魅せられて …… 44

▼借耕牛の「南限」　―美馬郡一宇村《いっちゅう》へ …… 49

▼私的「カリコ」探訪記　―宝貴山大福院 …… 52

▼猪熊佳孝氏　カリコ牛追いから百五十歳への歩み …… 55

▼讃岐の女馬喰《おんなばくろう》　―塩江 …… 59

▼借耕牛を描く〈1〉　―まんのう町文化祭に …… 67

▼借耕牛絵物語〈2〉　―さぬき春秋 …… 74

▼個展「カリコと少女」　―琴平町立ギャラリー個展 …… 77

▼阿讃&借耕牛、わが愛〈3〉　―琴平・牛屋口峠 …… 83

▼未踏を行く野呂内地《のろち》、曼陀峠《まんだとうげ》 …… 88

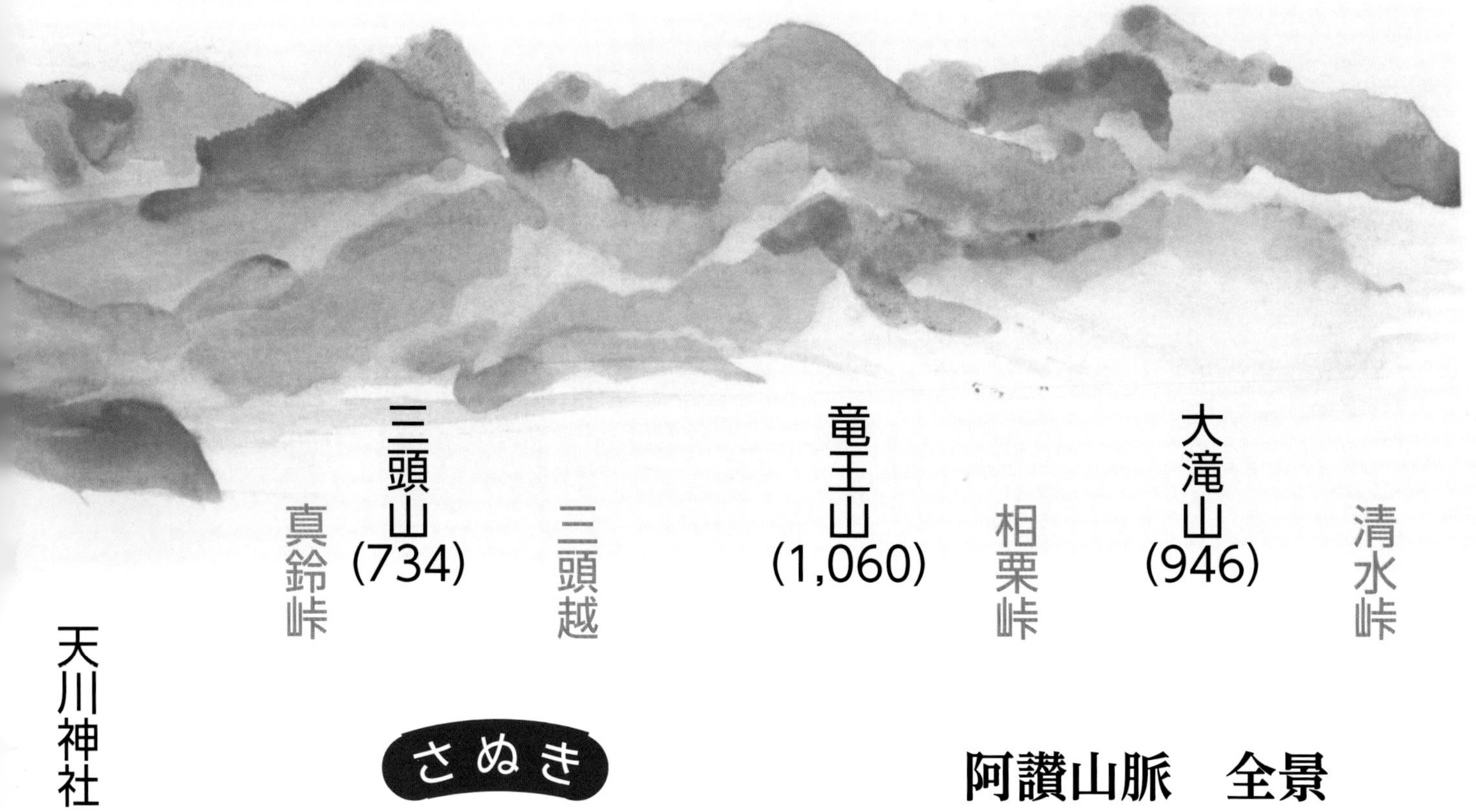

阿讃山脈　全景

▼神に護られ、越える三頭峠……92
▼絵画　驟雨のイヴ４部作（峠に咲く山百合）……99
▼私を呼んだ、借耕牛　なぜ何故ものがたり……101
▼最後の馬喰《ばくろう》……馬喰四代記……105
▼牛の墓参り（10地域、38基）
塩江……112
綾川・郷東……113
香南・円座……116
庵治半島……117
下笠居・香西……119
大野・東植田……121
▼借耕牛なぜ何故ものがたり
▼あるく・みる・きく…描く書く話す
▼新聞記事掲載
▼第一回個展「借耕牛をめぐる風景」サンポート高松にて
▼絵画（さぬき春耕図）他
▼おわりに

あわ

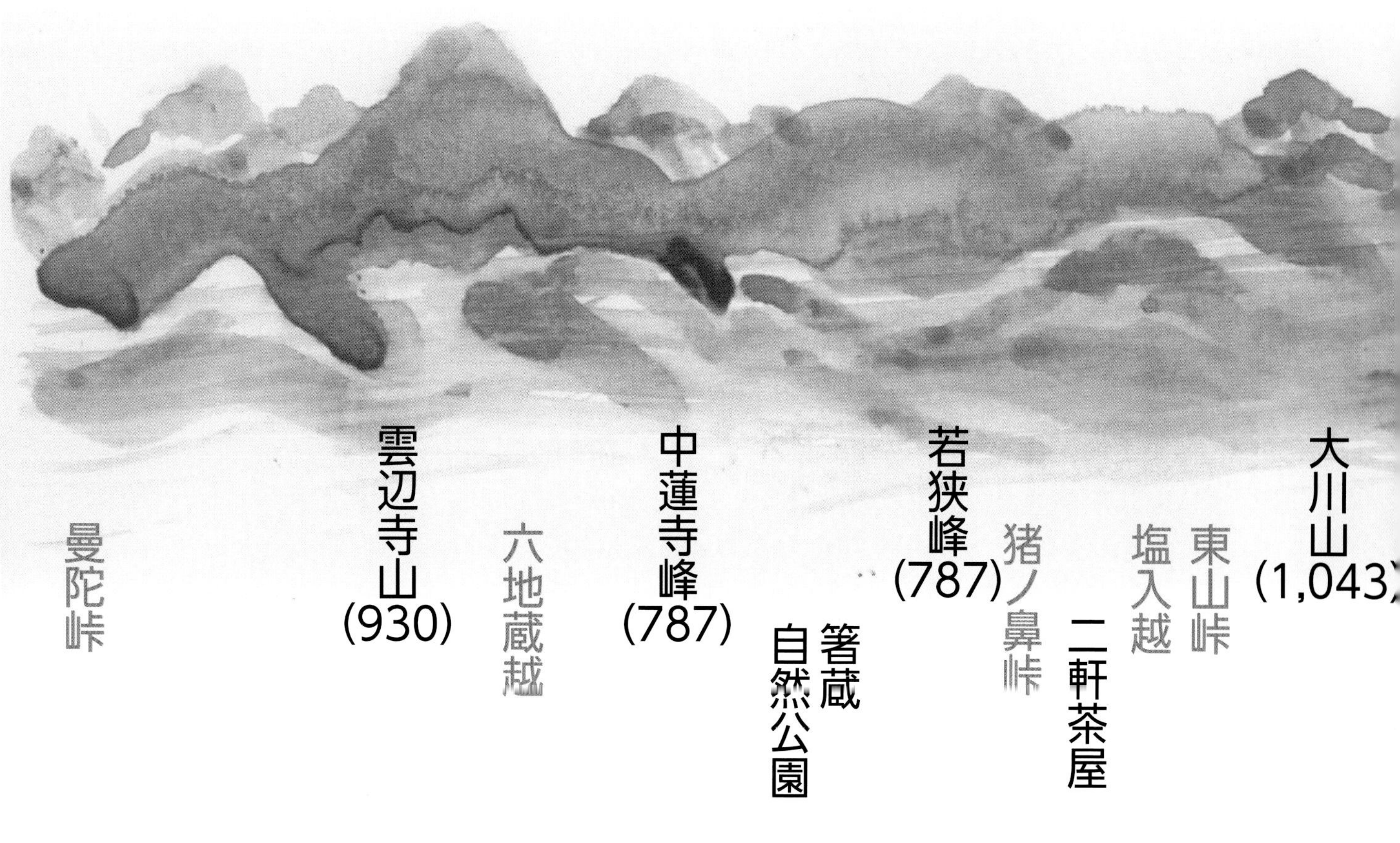

『借耕牛』

冨田 紀久子

「かりこうし」といっても、ほとんどの方にはなじみがないですね。
それはそうです…
50数年前、阿讃の峠を1~2頭のカリコが越えたのが
最後と記録されています。
カリコはゼツメツ?したのです。
でもカリコの精神から、大切な事を学ぶことができます。

江戸中期から昭和45年まで250年にわたって
讃岐の農業を支え、阿波山村の経済をうるおした、
全国最大規模、阿讃の「借耕牛」。
春と秋には8,500頭ものカリコが
阿讃の8つの峠を長い列をつくって越えていく様子——
なんと壮大な眺めやったことか…。
石ころの多い坂道をいくため、小さなワラジをはき、

弁当を積んだ何十頭かの群れが、鈴の音ひびかせ、
牛飼いの「ボー　ボー」という掛け声と共に、川を渡り、土手をいく。
その様子は季節を告げる懐かしい風物詩として、
今も多くの人に語りつがれています。

絵巻　峠をこえて『カリコと少女』

この物語は、現代を生きる私たちへのエールです。
理不尽で困難な家庭環境下で〝家族を守りたい〟その一心で
アカという牛と共に峠を越える少女、のえ。
ちいさな体、幼い命のすべてを賭け
知恵と行動力で人生を切り開く、のえ。
〝ちょっとでも　ようけ米を〟　奮闘する、のえ。
カリコのおかげで讃岐の農業が続けられたとも…

この牛と人が共に稼ぎに出ることを「共稼ぎ」といった。
現代の夫婦で共に働くことをいう「共稼ぎ」の語源といわれる。
また、理想の夫婦像「讃岐男に阿波女」の婚姻は、カリコ牛追い
の馬喰の長年の信用によって成立したのです。

それでは、カリコ・ワールド　ご一緒にどうぞ――

絵巻物No 1 －カリコと少女
２枚１組（上．2,620×550）
（下．2,620×550）

二 阿波では米牛《うし》といった。
のえチャン のえチャン どうしたの
おじいとおばあに たべさせたいんや この白《しろ》まんま
奉公先《ほうこうさき》で出た白飯《しろごはん》に泣く野枝《のえ》だった
山峡《さんきょう》の そのころの農家《のうか》に 九才以上《じょう》の子供《こども》はいない。口《くち》べらしのため わずかな籾《もみ》と塩《しお》で人買《ひとか》いに連《つ》れられ去《さ》った。
野枝《のえ》は七才《ななさい》、田舎町《いなかまち》のまんじゅう屋で辛《つら》い奉公《ほうこう》をし 十二才の年季《ねんき》があける迄《まで》に無事《ぶじ》小学校《しょうがっこう》を卒業《そつぎょう》、おじいとおばあ、弟《おとうと》たちの待《ま》つ山《やま》あいの家《いえ》に戻《もど》ると
待《ま》ちかねたように紡績工場《ぼうせきこうじょう》の話《はなし》をもって人買《ひとか》いがくる。籾《もみ》一俵《いっぴょう》は家《いえ》にとってのどから手《て》がでるほどだった。「野枝《のえ》、いくか」とおじい。
ねえちゃん アカべえのあかちゃんが生《う》まれるよ!
難産《なんざん》 おしりから赤《あか》ちゃんの足《あし》がでた 弟《おとうと》たちがひっぱった どくどく アカは泣《な》いた 産後《さんご》のひだちが悪《わる》かった。
イヤや イヤや イヤや おばあ行くのはもう
何《なん》でもして稼《かせ》ぐけん ここに置《お》いて
それやかて冬《ふゆ》が越《こ》せんが どうするんや 病気《びょうき》で姉《ねえ》さんは帰《かえ》ってきとる…
秋《あき》 借耕《かりこ》の季節《きせつ》がきた 「馬喰《ばくろう》」がまた授乳中《じゅにゅうちゅう》のアカをつれて出《で》た。
行《い》くな! 死《し》んでしまう
ヒ〜
家族同様《かぞくどうよう》にして育《そだ》てた牛《うし》 麦《むぎ》を煮《に》たよましを弁当《べんとう》に 牛《うし》のぞうりも二《に》、三足《さんぞく》持《も》たせて出《だ》す
麦《むぎ》をやった ふすまで栄養《えいよう》をとらせ 「苦労《くろう》かけるのう」とさする。
チリーン チリーン
こうして貸《か》り出《だ》された何千頭《なんぜんとう》もの牛《うし》は 阿讃《あさん》の七《なな》つの峠《とうげ》を 季節《とき》を同《おな》じくして越《こ》えて行《い》った。それはそれは壮大《そうだい》な眺《なが》めやった。
(十二) 次へ続く

どんなに辛《つら》かろうが 姉《あね》のように紡績《ぼうせき》で病気《びょうき》になるよりはずっとましであった
岡田家《おかだけ》の長男《ちょうなん》準介《じゅんすけ》は、幼《おさな》い野枝《のえ》と兄妹《きょうだい》のようにかげになりひなたになりたすけあった。
借耕《かりこ》が峠《とうげ》を越《こ》えた やせこけて荷《に》を背《せ》にくいこませ 血《ち》をにじませて
モ〜
のけ! ええい、もういかん
イヤや 首切《くびき》らんとって
アカ 立《た》てろ 立《た》て
モ〜 もぉ〜
のえー
あんたやん
無理《むり》するな かわるけん 休《やす》め
うっうっ 姉《ねえ》ちゃん 私《わたし》……
おじい米《こめ》やど ほれ 米《こめ》〜
おう おう ありがたいことや ご苦労《くろう》やったのう
まっていたように おじいは逝《い》った
アカが死《し》んだ—
のえ〜 ようきたなぁ
紙《かみ》のようにうすい体《からだ》になって 病《や》んで妹《いもうと》が死《し》んだー
いかん いかん
言《い》え、のえ 誰《だれ》にいじめられたんか カタキとっちゃる
ホギャ ホギャ
やさしい讃岐男《さぬきおとこ》に はたらき者《もの》の阿波女《あわおんな》 家《いえ》は代々《だいだい》繁栄《はんえい》したそうな
野枝《のえ》ー おとうもお母《かあ》も待《ま》っちゃるでー
準介《じゅんすけ》さん
みんな、おむすび好《す》きかな? おいしいさぬき米《まい》は 阿波《あわ》の草《くさ》と借耕牛《かりこうし》のおかげで 今《いま》に伝《つた》えられたんだね。
ありがとう いただきまーす。

絵巻物No２－借耕牛
２枚１組（上．3,000×550）阿波
（下．3,000×550）阿讃山脈

追い上げ
大役を終え カリコたちの帰路
追い出し
真鈴越
二双越
三頭越
モオ〜〜
ツレヅモホシイ サヌキマイ
讃岐米どこ 阿波牛どころ
米はどこへ
うまし米 うまし酒
藍商人三木家の夕食
相栗峠
カリコ慣習
もちつもたれつ
讃岐 おとこに 阿波 おんな
清水峠
境目峠
大坂峠
人と家畜が共に稼ぎに出ること。「共稼ぎ」の語源となった―人畜共稼ぎ形態
草ばっかり 牛ばっかり
阿波山村

美合口
大歓楽街
ピカ一芸者が勢揃い
岩部口
清水口 三木町
それは四〇〇年前にさかのぼる
カリコ牛慣行の成立過程
阿波 借子がきた
砂糖しめ小屋
砂糖でもう
五名口
昭和三〇年 耕運機登場
昭和四五年 減反政策
交通も完備され
阿讃の交流は続く
大坂峠
香川用水
吉野川
ワーイワイ

さあ、紙芝居はじまるよー

琴平町立美術館ACTことひらにて

借耕牛《かいこうし》って知ってる?

聞いたことある人

手をあげて〜

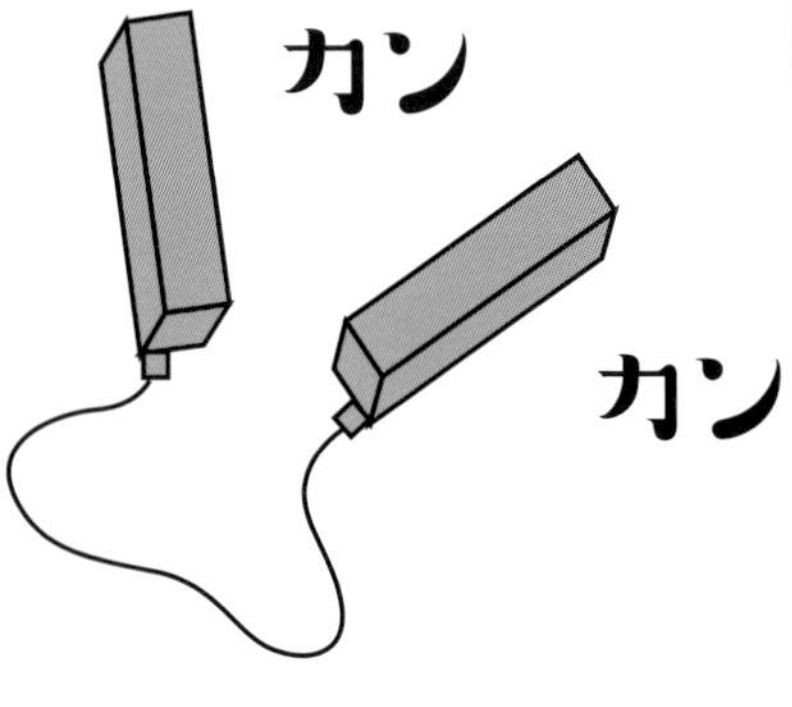

峠をこえて

江戸中期から昭和45年まで
250年にわたって
讃岐の農業を支え、
阿波山村の経済をうるおした、
全国最大規模の阿讃の「借耕牛」。
その牛の行列の中にいた
アカという牛と少女のえ
――家族を守りたい
その一心で風の峠を越えていった――

さぬきのたんぼは
こがね色《いろ》！
ちいさなからだで
家族《かぞく》を守《まも》る――
それがのえの使命《しめい》
少女《しようじよ》と牛《うし》は峠《とうげ》をこえた
さあ！カリコ・ワールドへ
ごいっしょに～

阿讃《あさん》ちょっと昔《むかし》ばなし
キミが生《う》まれ
育《そだ》った この町《まち》に
ホントにあった
お話《はなし》です

みんなおむすびスキ？
サイコー
モチロン!!
ピッピカのさぬき米《まい》は
あわ《阿波》の草《くさ》とカリコ《借耕》牛《うし》の
おかげで今《いま》に伝《つた》えられたんで

え?カリコ《借耕牛》って?
南《みなみ》に走《はし》る阿讃《あさん》山脈《さんみゃく》の峠《とうげ》を
こえて田《た》んぼ仕《し》事《ごと》にくる
曼陀峠《まんだとうげ》
箸蔵越《はしくらごえ》
塩入越《しおいりごえ》
真鈴越《ますずこえ》
三頭越《さんとうごえ》
相栗峠《あいくりとうげ》
大滝越《おおたきごえ》
大坂峠《おおさかとうげ》
カリコ《借耕牛》といわれる
牛《うし》と少女《しょうじょ》がおったんで"
"今《いま》はもう会《あ》えんけど…

⑤

……おっかあが
どっか いってしもた
山《やま》のむこうのあわ《阿波》の村《むら》
年《とっし》よりと こどもと 牛《うし》ばかり……

この村《むら》に
こどもはいない
口《くち》べらし
のため町《まち》へ
奉公《ほうこう》に
だされた
こんな とこより
うまいもんがくえる
キレイなべべもきれる
イヤ〜ーー
行きとないーー
モ〜〜
のえ〜
ねえやん〜

⑦

⑧

のえチャンのえチャン
どうしたん？
おじいやおばあに
食《た》べさせたいんや
この白《しろ》まんま
生《う》まれてはじめて白《しろ》まんま
ポトリ涙《なみだ》が……

暗《くら》いうちから
家族《かぞく》を楽《らく》にしたい！その一《いっ》心《しん》で——
いらっしゃいませ!!
夜なべ!!
子もりしながら
よみかき
よ——そろばん
まで——
え〜と
のえは
働《はたら》きながら
小学校《しょうがっこう》を
卒業《そつぎょう》

5年《ねん》の年季《ねんき》があけてもどると…
あか…！
ねぇー死《し》ぬー子《こ》がでんー

じぃが「冬《ふゆ》がこせん．紡績《ぼうせき》
工《こう》場《ば》へ行ってくれ」すぐ
人《ひと》買《か》いがつれにきた．
「何《なん》してでも稼《かせ》ぐけん

「出《だ》したらイカン！」
「アカー死《し》んでしまうー」
秋《あき》 授《じゅ》乳《にゅう》中《ちゅう》のアカを仲《なか》買《がい》人《にん》が
カリコにつれだした！

おじい、おばあ〜
アカと
いくけんな
もみ、つっぴょっつ
もろてくる
のえ
牛《うし》のむれに
ひそんで
12才《さい》の
のえは
阿讃《あさん》の峠《とうげ》を
こえた

春秋《はるあき》
牛《うし》たちが
鈴《すず》の音《ね》・ひびかせ
川《かわ》わたり ―
それは それは ―
壮大《そうだい》な風物詩《ふうぶつし》やったげな

各地《かくち》の牛市《うしいち》 大《おお》にぎわい
仲買人《なかがいにん》は契約《けいやく》で牛《うし》を引《ひ》き
わたす— その中《なか》に のえ がいた

モ〜

あんねー うちは ちいさいけど、牛《うし》つかうの うまい!! アカと子《こ》うしが、がいにはたらく! 子《こ》もりや ぬいもん、めしたき うちの バラずし、おしずし、うどん、そば おいしいでー♥

モ〜

モ〜

ホー ええのお!

どお? もみ 年《ねん》3びょう!

ヨッシャー!

かってに はいやく しよるがな

さぬきの農家《のうか》に
カリコがキダゾ・キダゾ…
うちくも たのむ！
こんまいけど えんかいの？

のえーつぎは
ワッシャー
うちくは
まだ？
のえ〜
いいかげんに
せんかー
近所《きんじょ》の
農家《のうか》4《よん》軒《けん》の
せんぞくの
カリコに
なり
のまずくわず
朝《あさ》から晩《ばん》まで
はたらく のえ

農家《のうか》の長男《ちよう なん》イサムは
兄妹《きよう だい》のように
のえをたすけた
つぎゃ
うちくぞ
はよせい
はよせ

ちょっとでも
ようけ 米《こめ》
を….
せんたく
水くみ
ぬいもの
そうじ
ふろわかし
子もり
田んぼしごとの
ほかに
手打ち
うどん
そば
めし
たき
すし
もち
せきはん
ふんとう
する のえ

カリコが峠《とうげ》をこえた
やせこけたほねにもみ袋《ぶくろ》が
くいこみ 血《ち》がにじむ

じいっー米《こめ》や！元気《げんき》だせっ！
3人《にん》で けえったでー
おぅおぅ のえ よぅ やった、あ、
ありがたや… みんなを た、たのむ……
じいひっー
ザクザク
米《こめ》……
ジャラジャラ

くたぶれきって——

—骨《ほね》と皮《かわ》でもどったアカ……

一日四《よん》回《かい》しっかりたべさせ

体《からだ》をふいてやる『たいへんだったのう……ありがとう』

全国《ぜんこく》最大《さいだい》規模《きぼ》の
阿讃《あさん》のカリコは
江戸《えど》時代《じだい》から昭和《しょうわ》まで
あんさちゃん
また来年《らいねん》ね
モ〜〜
250年《ねん》
にわたり
讃岐《さぬき》の
農業《のうぎょう》を支《ささ》えた

コラー！
はよ 行《い》かんかー！
モー
モー
モー
帰路《きろ》のぼりー
アカの前足《まえあし》が
ガックリとくずれる
『おきろったて！』

通《とお》れ〜だろがー
のけ〜
切《き》らんとってぇー
イヤ〜ん
ええ〜
首切峠
牛ノ墓
哀《あわれ》れー
いまものこる
峠《とうげ》の看《かん》板《ばん》
と牛《うし》の墓《はか》

紙《かみ》のようになって
妹《いもと》が……
おばあも……
どしたんや いえのえ！
だれぞいじめたんか
ワシがカタキ
とっちゃる！

弟《おとと》が・・・どうしよう
泣《な》くな・・・
オラにまかせろ
心配《しんぱい》するな
いっしょになる
ホントに?あんちゃん
ぜったい反対《はんたい》
ぜったいイカン
ぜったいゆるさん!
う・う・う・うちの長男《ちょうなん》が〜〜

反対《はんたい》の中《なか》、二人《ふたり》はむすばれた
その帰《かえ》りつわりにくるしむのえー
ああ
ねえ／ちゃ
うち…／
うぅうっ
ホギャーン
ホギャーン
でけた！

ホラ
おとっつぁん
だよ
おぉのえ
よろこべ!
おっともおっかも
まっとるぞー

乳《ちち》の
じかんじゃー
もおってこー
のえは
家族《かぞく》になった

やさし、
讃岐《さぬき》男《おとこ》
はたらきもんの
阿《あ》波《わ》女《おんな》
家《いえ》は
代々《だいだい》
繁《はん》栄《えい》
したそうな

㉞　お・し・ま・い

紙芝居「カリコと少女」

いかがでしたか

「かりこうし」といっても、ほとんどの方にはなじみがないですね。
それはそうです…
昭和45年、阿讃の峠を1～2頭のカリコが越えたのが
最後と記録されています。
カリコはゼツメツ?したのです。
でもカリコの精神から、大切な事を学ぶことができます。
「のえとアカ」の健気に生き抜く姿は
今日厳しい環境下を生き抜く私たちへのエールです。
そしてカリコのおかげで讃岐の農業が続けられたとも…
かつて牛が通った阿讃山脈を眺めながら
香川の農業文化に関心をもってもらえたら幸いです。
今後も更なる展開をみせる「カリコと少女」の世界。
どうぞお楽しみに——

1944年香川県高松市生まれ
四番丁小学校、城内中学校、高松一高を経て
女子美術大学芸術学部産業デザイン科卒

香川医大病院完成予想図採用　現建築物へ
コンピューターグラフィック　全国大賞受賞
高松第一学園校章デザイン
2007年8月第1回カリコ展　（サンポート高松3Fかがわプラザ）
2012年11月墨彩イラスト絵巻「カリコと少女」発表
（高松市立美術館市民ギャラリー）
2013年11月「カリコと少女」パネル34枚設置
（三木町文化交流プラザ2Fアート広場）
2015年3月琴平町立ギャラリー「ACTことひら」個展
2016年6月 第81回香川県展 洋画部門『咆哮《カリコ》する牛』
2021年4月中條文化振興財団 助成金 交付される

作者近影

香川県民俗学会 理事
香川県美術家協会 会員
香川県歴史研究会 会員

〒760-0078 香川県高松市今里町1丁目430-30
デザインオフィスキクコ　主宰　冨田紀久子
E-Mail yuki@kikukonet .com　TEL･FAX 087-834-7051
携帯電話　080-7950-3226

高村光太郎「牛」
〜牛はのろのろと歩く／
牛は野でも山でも道でも川でも／
自分の行きたい所へは／
まっすぐに行く

おつづけなさいませ
カリコ幻想

ひと足、ひと足、
牛は自分の道を
味はって行く〜

のろのろであれ、
歩き続けて30年。ここからは、
取材の文章で綴るカリコの世界、私と
さあ、ご一緒に〜

『香川の民俗』第七七号掲載二〇一五年

我が心の原風景『カリコ』に捧げる鎮魂歌

一九九二年十月、「借耕牛の絵を描いて」と知人から宿題を頂く。「？聞いたことがない…」「自分で調べまい」こうして私の借耕牛の調査は始まった。香川に生まれ育ち、この年までデザイナーとして仕事を続け、生きてきて、〝カリコ知らず〟なんで？

図書館の検索で「件名」該当ナシ。（テゴワイ！）件名として記述できる程の項目でない由。県史町史、インターネット検索、讃岐の歴史…どちらも申し訳程度、コピペしたかのような同じ記載が数行か半頁程度。専門家の文献、研究記述も分散しており辿りつけない。まだ未解明の部分が少なくないとも。調査はあくまで聞き取りに終わり、関連文書は未発見。教科書にも歴史書にもなくて、どうやって〝知れ〟というのか？二五〇年間も讃岐米に貢献し、借耕牛無しでは香川農業は存続できなかったというのに。ちらつく「風化寸前…」の文字。国会図書館にこもり、カリコ慣習は全国各地にあったことも知る。

借耕牛とは、香川の農家が春と秋の農繁期の作業に、徳島の山間部から借りた牛のこと。江戸中期から昭和四十五年まで続いた。多い年は八千五百頭が過酷な峠越えをしたという。

みなしごキッコは五里霧中、阿讃山麓を目指す。二〇〇七年八月十四日、盆、呼ばれたように塩江往還道、県道一九三号線。深い山中、蝮《まむし》が潜む薮の奥、カリコの墓と遭遇。全身総毛立った。うす暗い雑木林の中、一基ポツンと。木漏れ日がチロチロ…やっと逢えた。が、何もしてあげられぬ、やりきれぬ思い…しばらく寄り添う。丸いそら豆形をした淵の石。子供の背丈ぐらい。抱くとほの暖かく、抱き上げると軽かった。「ここは安住の地。守られる。そこに居て、ずっと。いいね。」

　同年九月五日、猫山の根きで一人暮らしの野山ハルコさん。出逢ったのはカリン温泉。湯舟に浸って待つこと一分。慣れた様子で入ってきた九十二才（当時）。「カリコ牛…」反応早っ！「私や使いよった。戦時中、親も養子の主人もおらんでカリコが頼りやった。今は息子がトラクター使うて、稲刈りすんだで温泉これた。」湯気の中でのお話し。カリコ集散地のうどん屋の若おかみ。「当時はうちも料理屋で凄い賑わいやったげな。」昼時、作業着姿の役人が「役場に資料があるで。」と嬉し気に声をかける。外に出ると山麓から整備された道路が伸びている。安心して登っていくと急に細くなり凸凹道のへアピンカーブ。車幅ギリギリ、右は山、左は崖、フェンスなし。昼なお暗く落葉が堆積した上へ驟雨が横なぐりに。チラッ「東山峠」の表示が。「うわ、これがカリコ道や、タイヤがすべっとるー」牛はもっと難儀したろうに…。拝みつつ三好市に。「あった」三好農業高校。畜産科若い主任。「カリコ牛？聞いたことない。エ～？資料？ー？」こりゃダメだ。当時私は貸方の徳島県側の資料が圧倒的に少なく両者にかなりの温度差があったことに気付けなかった。

　その後徳島県吉野川以南では門前払いをくったり、口封じを命じられた。取材対象者に許可を得ても、その家族がキャンセルしてくる。それらの理由も今は理解できる。しかし、まんのうの名士が胸を張る。「うちは親父の代まで二代の馬喰！」「うちゃ三代。懐に大金がうなり、若衆ひきつれ金比羅や塩の江温泉街へ人力車で芸者遊び。使い果たすまで帰ってこん。で妻子を泣かし、又。」と自慢げ。が一方、「ひた隠しにしとったけんど、あんたにだけ明かす…。実は…。」と悲喜こもごも。大野町ではいい話も。家に一頭飼うとんのに、借耕牛借りよった。毎日使うと牛がしんどい。一日交替で使う。「家の牛もカリコも差別は許さん。同じエサ、同じ寝床、大事にせよ。」が親父の口癖。当時、中学生のワシが峠までの追い上げ役。迎えの人が泣きながら抱きついてきて「痩せとらん。」いうて又、泣く。

　二〇一二年十月、ようやく絵巻「カリコと少女」がひとつのカタチになった。幻想の借耕牛は、リアルに人々の胸の内に蘇り、ゆっくりと歩き出し再生・復活していくようだ。香川県民、幼子にもこの史実をあたり前に知ってほしい。

　人は云う。なぜ〝峠を渡った家畜と少女にこれほどの思いを寄せるのか〟と。ある人は云う。それをカリコへの愛だと。阿讃越え牛のつき果てる史実を、描き残しておけと。

　激動の世を忙《せわ》しなく生きて知った「カリコの世界」。そこに私は、私の心の原風景を見たのかもしれない。

阿讃県境　借耕の化身か　白ユリの咲く　　紀久子

『香川の民俗』第七八号掲載二〇一六年

借耕牛《カリコ》に魅せられて

峠を越えてー『借耕牛と少女』の絵物語

はじめに

　農業が機械化される以前の二五〇年間、阿波と讃岐の峠を往還し江戸時代から昭和まで讃岐の「米」を支えた『借耕牛』

　最盛期の昭和一〇年代には年間一万頭近くが命の危険を冒して吉野川さえ渡り阿讃山脈を越えた。全国最大規模の阿讃の『借耕牛』

　なぜか文献や図書、記録文章が極端に少ない。歴史や社会の教科書にも載っていない、学校や幼稚園でも、まず教師が知らない。家庭でも然り。それにしても村の中で歴史の生き証人として『借耕牛』を語る人がほとんどいない。ちらつく「風化寸前・・・」の文字。これでは——香川県民、幼子にもこの史実を当たり前に知ってほしい。そうなれば、幻想の牛たちがリアルに人々の胸の内に甦り、ゆっくり歩き出し、私達に大切な何かを伝えてくれる。

　はじまりはカルコ（借子）／阿波人《アワト》時代—出稼ぎ人の意

藩政期　人畜共稼形態（共稼ぎの語源）

　天保年間（一八三〇～一八四四）製糖事業が藩の保護下で行われ、牛や人の往還に関する正確な記録が残されている。搾汁・運搬役務で阿波の牛が塩五升を持ち帰ったのが起こりだとしている。

砂糖締小屋　五五〇〇舎。

・この前後にすでに阿讃間の親戚、知人関係による借耕牛習慣が始まっている。古くは室町時代との説もあるが、製糖衰退、稲作振興と共に増加していった。

〈禁令〉　高松藩は米の陸越えを禁止。阿波・蜂須賀藩は鎖国政策下で迂回し、時には賄賂を贈り、時には役人を殺めることもありながらも阿波や讃岐の特産物、米や牛や人が峠を越えていった。牛が運ぶ俵の中にスパイが潜み槍で突いて検閲していたともいわれている。

　借耕牛だけでなく、阿波人の出稼ぎや砂糖締めの牛の行き来が実際に存在している現実があった。借耕牛に関しては両藩とも黙認せざるを得ない実情であった——

　慣行は、持ちつ持たれつの関係性

　　——需要と供給の一致

◎全国各地の借耕牛〈貸す／借りる〉

・信州地方・・・出稼彼馬　・作馬

・福島県・・・・マヤウマ

・北陸地方・・・手間馬（田島・五月馬）

・奈良県・・・・貸牛・借牛

・中国地方・・・鞍下牛（岡山・島根・鳥取・兵庫）

・阿讃地方・・・借耕牛

※〈預ける／預かる〉

・佐賀県の預け牛　・大阪府のアズケ牛

・富山県の預け馬　・香川県塩江町の山間にもみられる。

農繁期の仕事を終えた平野部農家の牛馬を夏の間すごしやすい山間部の農家へ預ける。

　預かった山間の家々では牛馬を草刈りや運搬、堆肥踏み、厩肥《きゅうひ》を取った。双方メリットがあり報酬は支払わない。場合が多かった。

なぜ？そんなにしてまで峠を越えるのか？

阿波側は高価で「日本一おいしい　さぬき米」への執着

讃岐側は人と牛による「労働力」を必要としていた。

ひっ迫している両県　農民にとって阿讃をまたぐ交易はまさに命綱ともいえるものであった

――たとえ法令違反だとしても

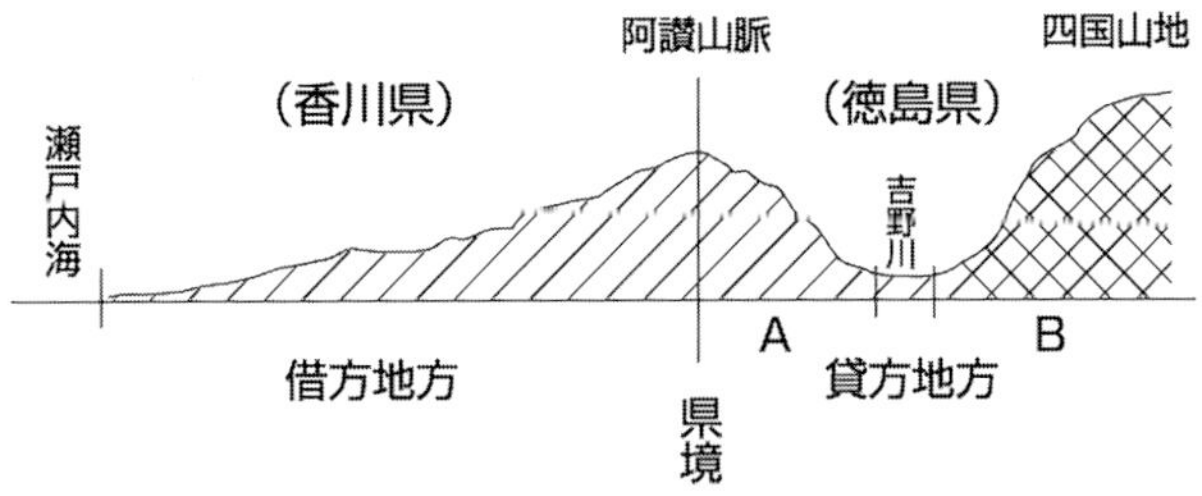

阿讃地域の地形（断面図）

なぜ？借耕牛の衰退

――機械化以前からそれは進行していた

戦前・戦時中は食糧統制により米の取引が中止され、牛の飼育自体が困難となり農機具の利用が増え牛の数が減少。

・昭和一六年（一九四一）「かりこ牛移動統制協議会」なる行政機関設置――博労の仲介を排除、徳島・香川の農会が斡旋――貸方農家が貸し出しを嫌がるように

（事故の代償額激安）→ 貸出希望者激減

・昭和一九年（一九四四）徳島県が「農業生産統制令」を出し畜牛の県外移出を禁止――借耕牛慣行一時姿を消す。

・昭和二〇年（一九四五）第一次農地改革――農地解放

・昭和二四年（一九四九）金子正則元香川県知事の有畜産農家資金の拠出

自家で複数の牛を飼う畜産農家への振興

・昭和二五年（一九五〇）香川・徳島両農協が「借耕牛復活」

牛の取引に契約書と保証人必要に

・昭和二八年（一九五三）トラックに牛を積み込み峠を越えるようになる

・昭和三〇年代　耕耘機普及・・・序々に頭数減る

・昭和四五年（一九七〇）政府の減反政策　一・二頭が峠越えし、その姿を消す

なぜ？カリコが伝承されなかったか。五つの理由

① 貧しさのシンボル――体裁が悪い？

② 人間優先の残酷物語　〝もう時効やけん、云うが・・・〟

③ 家畜を商う――身分制度・士農工商

④ 法令違反――法の目をかいくぐり行き来した牛

――文書を残さない

⑤ 政治・経済・農業構造基盤の問題点

なぜ？魅了されていったか――人は何を求めて動くのか

① 聞き取り調査で出会ったカリコ体験の女性たちに衝撃――（徳島県三好市、香川県まんのう町）→ 野枝の原形

② 二〇〇七年盆の一四日、よばれるように向かった塩江・安原、山中の竹薮でカリコの墓と遭遇

③ 調べれば調べるほど、峠を歩けば歩くほど

阿讃を越えた牛と人の虐げられた歴史を知る

④ 人が懸命にその時代を生きた証を「野枝とアカ」に託して知らせたい

⑤ ――そこから拡がる、深まる、結ばれる、阿讃交流のジオパーク

（地球・地形・歴史・民俗・宗教・思想）奥深い魅力に目覚める

・仲介業者は――二五〇年間続いたカリコ習慣の立役者
博労・馬喰・仲介人・世話人・家畜商・仲立《ナカダテ》・牛追い・仲迫《ナカオイ》・オイコなどとよばれ賃借に関する手続きを一手に引き受けていた――牛のスペシャリストで仲人もした。――信用厚い

・農業試験場調査　大正初年　三〇〇〇頭、昭和五年　五〇〇〇頭昭和五年～一〇年　八〇〇〇頭～八五〇〇頭――全盛期

・首切り峠――諸説あるが・・・綾上町と琴南町の境目――

・墓ゴロゴロ――山中、竹林、雑木林の中で墓発見・塩江相栗峠

・讃岐男に阿波女――塩江〝谷岡食堂のご夫妻〟他

・借耕牛のレリーフ――琴南地区明神・落合橋の欄干

おわりに

はじめて「カ・リ・コ・ウ・シ」の存在をきかされた時、不思議で夢のある物語でした。

身近な自然や風土、慣習の中の秘められた物語・・・

江戸中期から続いて、そうしてすでに死んだ多くの牛たちが阿讃の峠を越えて静かに現れる。　固い絆で結ばれた山人と共に人々の心を強く揺さぶり、心中の何かと共鳴する。

何何だろう・・・ほり起こしたい

――カリコ慣習は香川の文化遺産――

日本の農村、農業、農民は社会の産業・文化のすべての生みの親です。そのお百姓さんの労働を支えたのは〝**牛**〟です。

郷土の貴重な史実、魅力的な価値ある遺産の意味をまず地元民が理解したい。地元の様々な他の史実や文化遺産を互いに英知を集結して関連づける。物語性をもった分かりやすい説明や多様な背景や魅力を借耕牛の碑やオブジェで発信したい。学者や専門家だけにとどまらず、住民の共感が得られれば独自の郷土愛・強い絆が生まれるにちがいない。未来に伝え、永遠にのこしたいカリコ物語

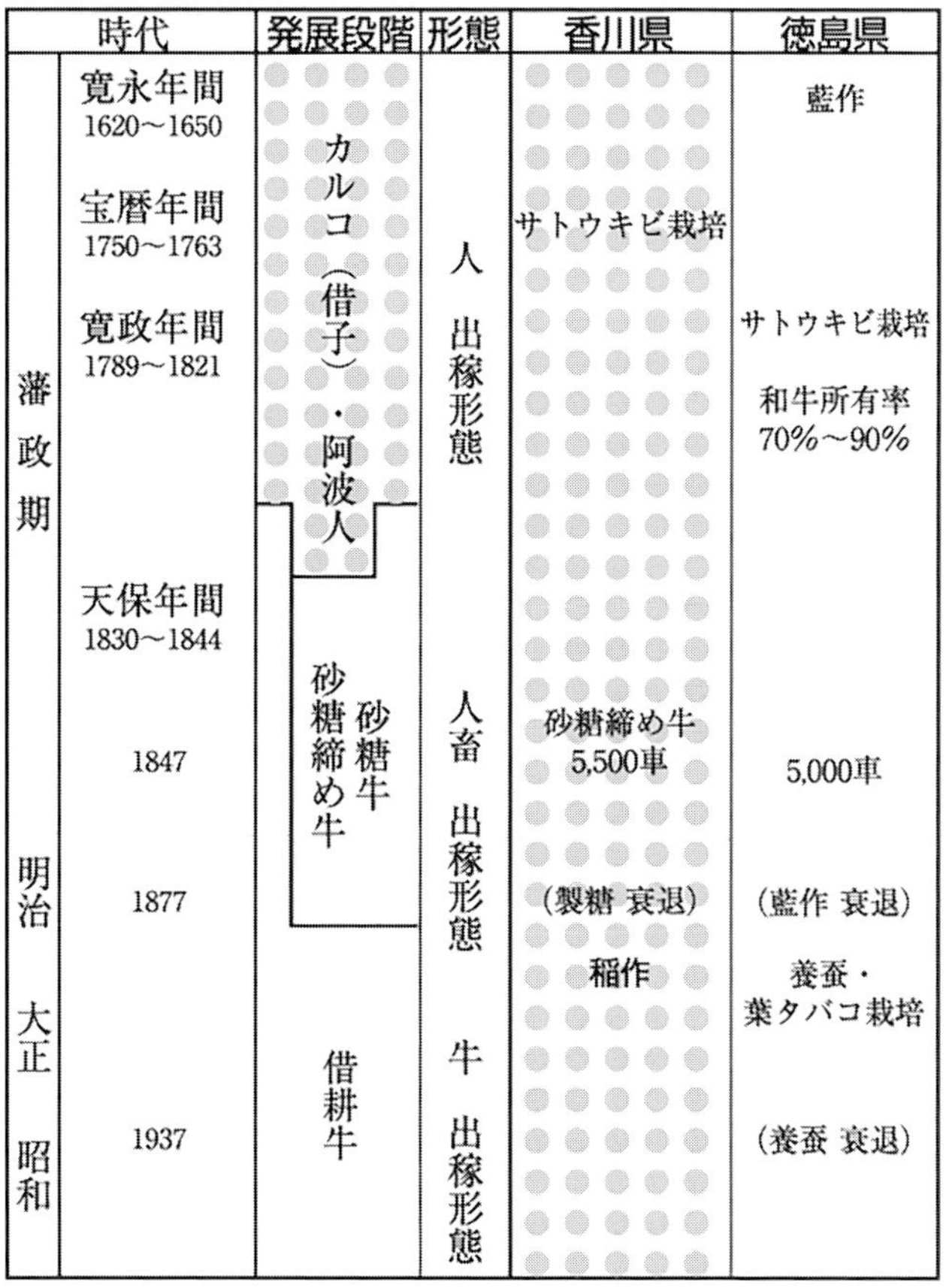

借耕牛慣行の成立過程

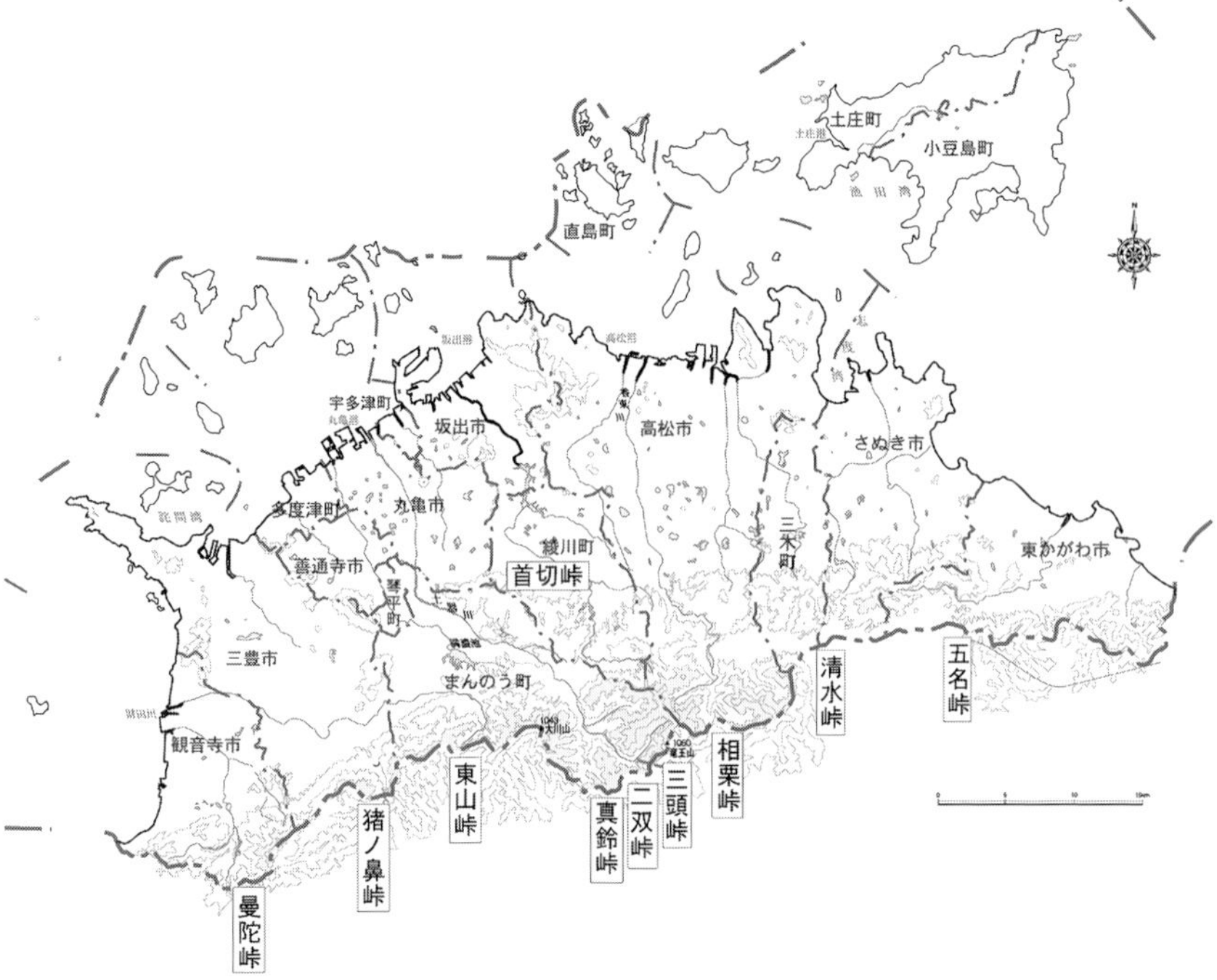

昔栄えた曼陀峠
阿讃山脈、最西端ー曼陀峠に立つ表示板。痛み・破損・退色もなく、保存状態良好
阿波の三好から西讃・三豊地方への借耕牛の道として賑わった。昭和62年３月香川県

塩江の集散地にて—借耕牛の正装
四百年前の昔のままの旅支度　大きな鈴、替えのワラジ、牛と人の麦飯弁当二升背負う

牛の墓
2007年８月14日（盆）気温36.7℃　塩江往還道　山中
竹藪の中さがし当てる。高さ60cmそら豆形した淵の石の磨きぬかれた墓標「昭和卅年牛ノ墓一月十七日」と刻印

『香川の民俗』第七九号掲載二〇一七年

借耕牛《かりこうし》の『南限』―美馬郡一宇《いっちゅう》村へ

春秋、阿讃の峠で繰り返されていたという、「ええか、辛抱せいよ、ええ借り主に雇うてもろて、ように働かしてもらえ。半夏《はんげ》生がすんだら元気でもおってこ。待っとるけんのぉ」

子供に言い聞かせるように、牛の首をたたいて馬喰《ばくろう》に引き渡す。米のできない阿波山村の農民にとって、牛は家族以上、大黒柱でもあった。酷使され、骨と皮になって戻ってくるのを承知で、稼ぎに出さねばならない。

賢い牛は自分の役割と運命を知っていて、「モォ～」と一声、覚悟して、振り返る。

これが、徳島・香川両県で、江戸中期から昭和四五年まで、二五〇年間続いた「借耕牛、峠越え」の一シーンだ。私を含め、香川県民の八五%が知らされておらず、知った時は驚いた。日本有数の米所《こめどころ》だといわれた讃岐にこんな歴史があったなどとは。本業の傍ら調べ、阿讃山地の峠に足を歩《はこ》び、聞き取り調査をし、やっと絵と文で作品化し発表している。昨年の琴平町立美術館〝アクトことひら〟での個展の顛末は、坂出市文芸協会発行「海流四一号」に寄稿しているので、ぜひ読んで頂きたい。

作品展示は私の貴重な情報収集の場でもある。「借耕牛」の画・文は、ある人々にとって、特別な感興《かんきょう》を呼び起こす何かをもっているらしい。開催を知り、参集してきた人は一様に絵巻や絵画、取材文の前で花を咲かす。体験者は思い出を語りだし、「高松市円座の実家で借耕牛を世話していた」という六〇才位の女性は「世話をするのが子供の仕事でー」と懐かしそう。こんな若い人でも借耕牛をと、新たな発見が。ある時「これは間違っている！借耕牛は、香川から徳島へ貸し出していたのだ」と主張する男性の大声にびっくり仰天。が、しかし後日徳島・脇町での取材でこのような貴重な証言を得た。

吉野川南岸のかなり裕福な家の奥様曰く。「この辺りでは、借耕牛など讃岐へは全然出していませんのよ」「しかし、」と食い下がると「もし、借耕牛が必要であれば、相栗峠をこえた讃岐塩江、上西《かみにし》から借り受けます。吉野川北方の山間部ではなくてー」エー?讃岐から塩江、上西からー?上西から香川県平野部へ貸出していたと言うことは分かっていたが。

そうか、ここでも地域格差の諸事情があり、あの男性の主張はこのことに関して、だったのかも・・・と納得。しかし圧倒的に多いのは「阿波から讃岐」だったことは、三好町史にも残されている。昭和十年の調査によると、この年三好郡の村々から一、七二〇頭、美馬郡から一、八二〇頭、阿波郡から一九〇頭の合計三、七三〇頭が峠道を超えている。

このような作品展で「いっちゅう、いっちゅう」などと囁かれることがある。絵巻の主人公十二才の〝のえ〟が、借耕牛と共に峠を越え、讃岐に赴いた美馬郡一宇村は、借耕牛の『南限』だと私は考えている。この先は、西日本第二位の剣山《つるぎさん》（一、九五五m）が控えている。

地学でいう「中央構造線」で四国山地の俊《しゅん》険さ、山高く、もっとも深く鋭く切れ込んだ谷・・・こんな地域からの借耕牛の往還は不可能である。一宇村は借耕牛と人が歩いてこられる『南限』だったにちがいない。

私は二十四年前の一宇村を、ある美しい写真集で見たことがある。剣山麓・秘境一宇村明谷《みょうだに》。

谷底には深い草むらの中に藁葺の家が点々とある。そこに住む村人の春夏秋冬の暮らしぶりをカメラは追う。

　地搗き音頭を口ずさみながら、山並みを背景に、呵々大笑―五右衛門風呂に浸かる極楽気分の歯ヌケのおやじさん。この人は凄腕の馬喰だったらしい。借耕牛を引き連れ、ここから阿讃の相栗峠や三頭峠まで、往きも帰りも「歩き」だったと言われている。「バスもあるのに、始末屋で」と噂されながら。その姉も隣に住んで、大根・しいたけ・干し柿を軒いっぱいに吊るして日向ぼっこの大笑い。なんとおおらかな笑顔だろう。

　近在には、平家落人伝説や民話、里唄などが豊かに伝承されている。この詩情溢れる山峡に魅せられ、幾度、写真集に見入ったことか・・・

　この一宇村が、借耕牛の『南限』だと確信。足繁く、取材に訪れるようになる。時の移り変わりは、明谷を無残に変えていく。雪の重みで藁屋根はぐしゃりと押し潰され、家はぺしゃんこ。屈強な馬喰だった男も、素朴な笑顔の姉も今は亡く、雑草が生い茂り、立ち入ることも叶わない、二十四年の歳月を想う。

　ここでも、八十五才以上の村人たちを紹介して頂き、又ある時は飛び込み取材。今や借耕牛を知る人とて少なく、一様に「祖父、父親、兄の世代までで自分は一行を見送った」とか。「どの辺を通って往還していたのか？」老人は貞光川を挟んだ向かいの山の中腹を指さす。「あの、どのあたりですか？」「ホレ、今、霧がかかっとるやろ。あすこに家が四十軒あったんや、家のまえの道はずっと貞光に続いとるけん、そこから一軒一頭ずつ、借耕牛を出しよった。引いていく男衆が、段々おらんようになって、最後は一人で四・五頭引いて行きよった。戦時中男が駆り出され女子が牛を追った時期もあった。今はもうあそこに住む人はおらんけど、あの道には出られるで」（貞光線旧道のことだ。）

　霧の中を、縄で連なって往く借耕牛の列が、濃くなり薄くなりして遠ざかる。その幻の光景は脳裏に焼き付いて、いつまでも消えなかった。

私にとって、剣山の麓・貞光川を挟んで山峡に張り付いたように点在する家々を、一軒一軒訪ねる旅は、〝死〟と隣り合わせの冒険であった。全ては急斜面の崖の上、石段を昇降し、身の丈程の草を掻き分け・掻き分けて、マムシやハミ穴ぼこの恐れのその先に目指す家はあった。

　家族は街に出てしまい、老人が一人残されている。しかし彼等はそれを受けとめ、明るく堂々としている。なかなか魅力的で人なつっこい。初夏なのに囲炉裏で芋団子やコンニャクを串焼きにし、自家製味噌をつけて供してくださる美味し！

　ある婆様は、緑豆の粉をまぶしたむすびを大皿にテンコ盛りにし、漬物を添えて「さあ食え、もっと食え！」としつこく勧める。おまけは「泊まっていけ」だ。借耕牛の話はそっちのけ、古い家族アルバムを持ち出して自慢話が始まる。一宇村から讃岐まで山坂の道のりは遠すぎ、暴れん坊の吉野川を渡るも死にもの狂い。この慣習は明治中ごろから始まり、昭和十三年には他の地域に比べ早々に姿を消していった。体験者がいないのもよく見知った人がいないのも無理はない。

　庭にはキューリやトマトがほこり、町に出るのは医者通いの時だけ貞光にも家はあるがココが一番と言う。

　借耕牛を追って、『南限』なる一宇村まできたけれど、ここで、この世の愉快と、人生の終焉を見た思いがする。美しくも厳しい大自然の営みの中で限界集落として一刻一刻と、消滅に近づく里人たちの暮らし、私の心の原風景「いっちゅう」の行く末を、書き、描くことで見守り見届けてゆきたい。

　二〇一六年初秋。題『借耕牛　無幻《むげん》』なる絵画（二〇号）が完成。一宇村の、貞光川の霧湧く山裾、牛追いと共に粛々と進む借耕牛の列・・月明りに浮かぶ白い山百合だけが金色の花粉を撒き散らしながら見送る。それはそれは遠い夢のような光景です。

阿讃山中、借耕牛「アカ」を追う12歳の少女「のえ」
「もみじ浄土」F４号アクリル画

夜明け前の出立。白ゆりの咲く山あいを進む借耕牛の群れ
「借耕牛無限」F20号アクリル画

借耕牛が田を耕し田植えをする風景。
阿波から多くの牛が働きに出ていた。

『香川の民俗』第八〇号掲載二〇一八年

私的「カリコ」探訪記

今年の正月から「アトリエ」の一隅に、カリコの履いた沓《くつ》が吊るされた。直径十一センチメートルの楕円形で、四足がひとくくりに束ねられている。眺めていると思い出す。

数年前、満濃町琴南（旧琴南町）明神の落合橋の下、行列のできるうどん屋の壁に吊るされていた牛の沓《くつ》。

それは二足で、カリコ取引の市場だった場所柄、店内の壁にインテリア然としてよく似合っていた。（欲しい・・・・）厨房内で、鉢のうどん玉に酢をぶっかけていた谷川豊子さん当時八十七歳（故人）に取材した。「これはあげられんよ、大事なものやけん」

「借耕牛は道いっぱいにあふれて、よう肥えて来た、やけんど帰る時は、やせて骨のうきでた背中に米俵を二俵積んで、歩きかねよった。辛げに涙ためて可愛そうで・・・・」その直後、豊子さんは亡くなったということだった。

そんな私のもとへ、牛の沓と、牡・牝の角が送られてきたのです。私のカリコ研究を知って、参考になるだろうモノや資料を送って下さる奇特な方がいらっしゃる。

牛の蹄《ひづめ》は、人間の中指にあたる第三指と薬指にあたる第四指で、体重を支えるように二つに分かれている。鼻緒部分を挟むように草鞋《わらじ》を取りつけ、二股に分かれた縄を蹄の後ろの球節《くるぶし》に回して固定するらしい。

カリコが越えてくる阿讃の険しい峠道は、尖《とが》った小石が多い。蹄の負担が大きく、すり減りが激しい。蹄《ひづめ》も角《つの》と同じ、皮膚の組織が変化したもので、硬くて丈夫だが、大きい躯《からだ》を小さな四つの蹄で支えているので、些細《ささい》な不調でバランスを崩し、過酷な労働で疲れ果て、立ち上がることができなくなる牛も珍しくない。

帰還の峠で動けなくなり、後続の妨げになるという理由で首を切られ安楽死させられた「首切峠」の悲話も残る。

今はもう牛の藁草履《わらぞうり》を編む人もいないと聞いていたので、この贈り物は私にとっては何よりのものだった。

早速、正月からアトリエの一隅に吊ったというわけだ。よく稔った新米の稲穂をはさみこみ、伏石神社の御幣《ごへい》を縄の束に差し込む。

牡と牝の角《つの》、角《つの》を加工した花立てに千両・万両を活ける。急にそこが神聖な空間になった。何やら私だけの特別な祭壇が現出した。

カリコ研究をし、画文制作に励み、危険なフィールドワークに出る私の背中を、そっと押して安全祈願をしてくれるようだ。

カリコの祭壇
（アトリエの角に）

カリコの沓。荒々しい藁縄《わらなわ》の網目のほつれは、移動の険しさから何度も履き替えられていたことが偲ばれる。

大事な牛の蹄が痛まぬよう、夜鍋仕事でたくさんの草履を編んで持たせた飼い主。

阿波からは、必ず飼い主が自分で追い上げて渡し、また必ず迎えに来て連れ帰る。帰りの草履は、借主が四～五足編んで背中に吊っておくのが決まりだ。

阿波の飼い主の可愛がりようは、我が子同然、いつも手入れや食事にも気を使っていたので、よく太って立派な体をしていた。一人で四～五頭の牛を連れ、上西の相栗峠や清水峠を超えて東讃に、美合村の明神その他を経て西讃に入っていた者もいる。・・・・

宝貴山 大福院の入口

星越峠のお地蔵さん
「峠の安全祈願」

はばむように峠道をふさぐ大蛇のようなツル

相栗峠を越えた牛は内場《ないば》から星越《ほしごえ》峠《とうげ》を経る途中の山中にある、宝貴山大福院という借耕牛の加持祈祷をする不動堂に寄っていく。

ここでは大事な牛の病気や災難などを祓《はら》う儀式をし、印を結び、真言を唱え、白い象徴的な和紙を角の間に貼ってもらうという。

常には森閑として、樹木に覆われて昼なお暗い山道が、借耕牛の季節になると白い和紙を貼った牛の長い行列が延々と続く。鳴き声、牛追いの掛け声、道々たれた牛糞。それに群らがりわんわんとなる蝿の音、牛の大群は、ドット　ドットと音をたて、まっ白い土煙をあげてやってくる。それはそれは壮観な眺めだったという。

宝貴山 大福院

大福院にどれだけの祈祷料が入るか、それは空恐ろしいような金額だったといわれる。

ある夜、盗賊が押し入り、住職はじめ全員皆殺しにされた。その後、大福院は無住寺となり荒廃した。最近やっと、県外からの若夫婦が移住してきた。子供も生まれ家族五人の賑やかな声が響いている。ピザ焼窯を備え、若者たちのイベント、コンサートが開かれている。

ここには豊かな、美味しい水が湧きだしている。参加者は阿讃からの伏流水という、天然の浄水、生きた水を味わっているということだ。

その後、今度は〝蹄《ひづめ》〟が送られてきた。

本物の牛の蹄をまじまじと、目の前三〇センチで見たのも初めてだった。

サイズ九センチ、蹄は角と同じく皮膚が変化したものだ。その大きさ、硬くゴツイ。ヒビ割れ、裂傷、恐ろしい程である。

　この蹄が、生前五〇〇キロ《ムグラ》の巨体を支え、険しい阿讃山脈の山河、峠の三〇キロ《メートル》の往還に耐えて来たのだ。帰路、その背には二俵（一二〇キロ《ムグラ》）の玄米を背負うて、越えて行った。

　私は、この《牡《オス》・牝《メス》の角《つの》、蹄《ひづめ》、沓《くつ》（草鞋《わらじ》）》の三点セットを、アトリエの壁に吊るし、ただ祀《まつ》っていたわけでない。

［カリコと少女］の大型紙芝居&トーク&画展の、求めに応じた東奔西走、出前行脚の携行必需品になっている。

　今はもう、どこにもいない借耕牛。かって我が子のように借耕牛を大切に使ったお百姓も、それを見守っていた家族も、親や祖父母から借耕牛について聞いたことのある人も、今や殆どいない。語り、教える人もない借耕牛の史実を、実感してもらうには、『実物』を見せ、触らせるのが一番。

　子どもは特に反応が早い。「うわーちっちゃー」二〇センチ以上の自分の足のサイズと比べて、蹄や草鞋の小ささ、「この蹄で、あの軀を?」と騒ぐ。

阿讃山脈　峠越えの借耕牛『望郷』　絵：冨田紀久子

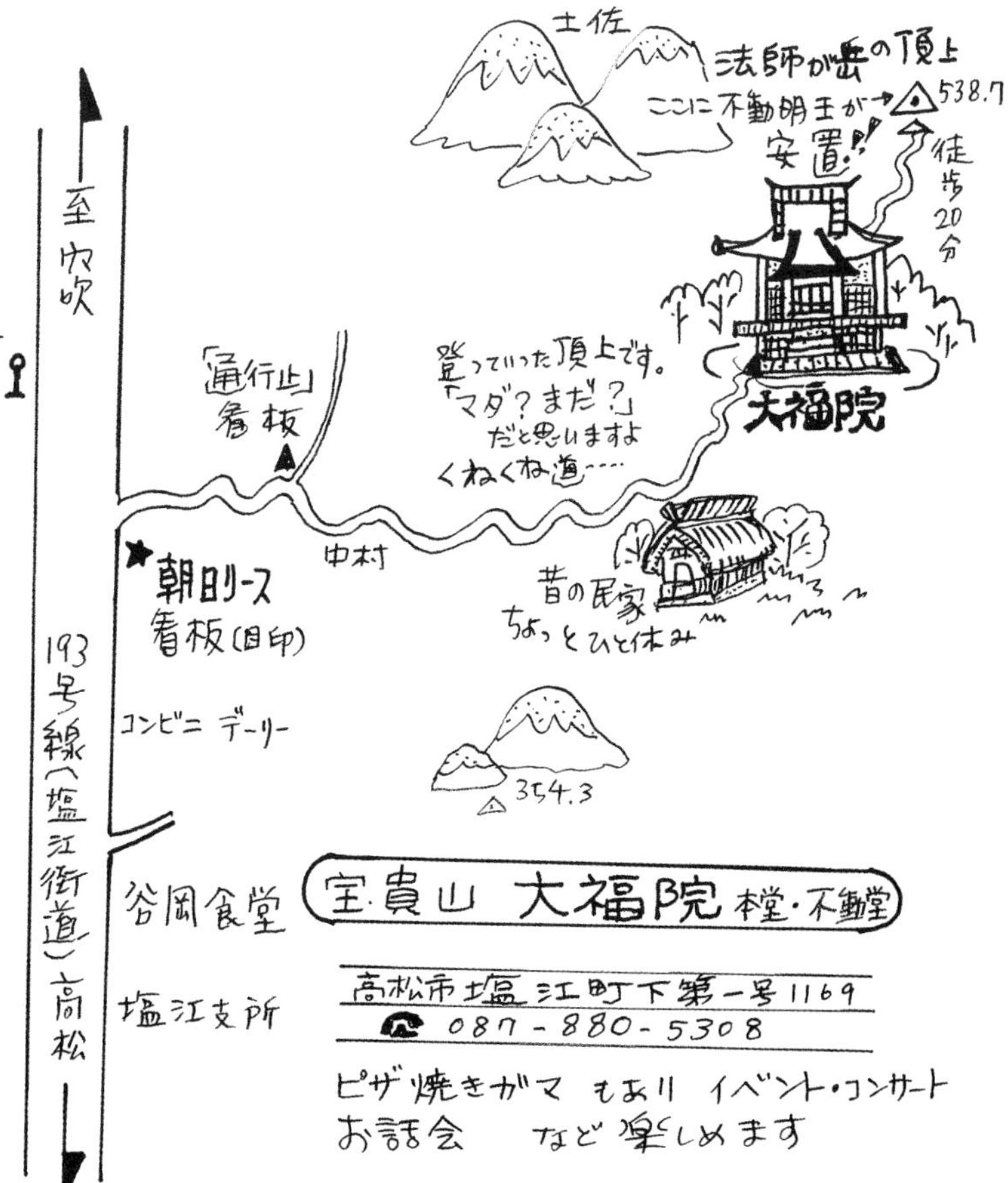

小学三年生のその学習の一年後、感想を求めると、忘れてない。「紙芝居のアカいう牛が可愛そうでたまらんかった。」「本物の牡牝《オスメス》の角の大きさの違い、蹄・草鞋の実物の小ささ、初めて見てびっくり！」と口々に言い募る。

　言葉や文章だけでなく、ビジュアル（絵）や形ある物のインパクトは、印象が強く記憶に残るようだ。

　こうして、私のカリコ行脚に「三点セット」は必携品となった。こんなに有効活用できるものを頂き、送り主には感謝感激。研究調査に何よりの〝大きな力〟を頂いた。有り難いこと――――。

『香川の民俗』第八一号掲載二〇一九年

《取材》借耕牛《カリコ》牛追《うしお》いから首里派空手仙人へ

猪熊佳孝氏　百五十歳への歩み

「『あと十年か十五年やったら、元気なうちに、やめるぞー』と、弟子たちに宣言している百二歳の空手道場主がおるでー」と、弟子の一人の薬剤師の友人が教えてくれた。

その人は、子ども時分、借耕牛の牛追いをやっていて、高松の塩上町、観光通り沿いの道場に居住しているというのだ。

（ご近所だ！　灯台もと暗しというけれど・・・）頭をガーンとはたかれたような衝撃――いつしかなぜか涙目になっていた。

弟子は全国に散らばり、その数一万二千名。深夜稽古は明け方マデという。―っことは、筋骨隆々、偉丈夫で眼光鋭く・・・?!こちらもキンチョーし、身構えて〝ガラガラッガラー〟終戦後の懐かしい両開きのガラス戸をあけた。

「きえええぇぇ～っ!」白い道着に黒帯の弟子たちの気合いの雄叫びがドッと押し寄せ、汗でむんむんの道場の真ん中で、「やあ」と手をあげて「おお～来たんなあ、こっち入りまい――まぁここへお座り」

アレ?田舎の実家に帰ったような第一声。

通されたのは昭和の純喫茶そのままの、安楽椅子と小卓が所狭の台所脇。

小柄、小顔、笑顔がなんとも可愛い。

紺色トレーナにジャージー、毛糸の丸帽に素足。ひょうひょうとした身のこなしなのだ、が、私の目を釘付けにしたのは、凄い〝尻と太腿〟・・・頭の二倍近くある太腿《ふともも》を試《ため》しにメジャーで計ると、直径五五センチ。百二歳の太腿は、毎日欠かしたことのない――鍛錬《たんれん》の賜物《たまもの》なのだった。

稽古は1日も欠かさない

次なるお言葉は「おなか、すいとらんのなあー」返事も待たず、慣れた手付きで大鍋に湯を沸かし始める。茶黒い蕎麦を大量に投入する。

チラッと覗き見た大型冷蔵庫内。ピカピカの刺身お造りの大皿、旬の惣菜の小鉢類、ビニール袋いっぱいの刻みネギ・・・缶ビール。すべて弟子たちの差し入れで、自分で買い物をしたことはないという。

床には一升瓶・瓶ビールのケース、到来物の菓子箱が山積み―。

熱々の古代蕎麦がやおら、大鍋ごと置かれ、出汁椀《だしわん》に生姜・細ネギを盛り「さぁおたべ」「・・・」実はこの香川での隠《かく》れ蕎麦《ソバ》派《は》の私め、魂が吹っ飛び、忘我の境地―無我夢中でしばし／ツルツル・ズルッズルッ・モグモグ「・・・」言葉にならない歓びがじわ～っ。

やがて、「あのう～借耕牛・・・」「おぉ聞いとるで。ワシやの、〝**カウ・ボーイ**〟しよったんや」「・・・。エ?」ちっちゃな顔をクシャクシャにしてOH《オー》!チャーミング〝牛追い〟かい!!

「貧乏なんてなもんじゃナイ〝おしん〟こえとる」と胸をはる。当時の高松市上林町（林）で、兄弟七人。父の妹とその子どもが三人。総勢一四人が八畳一間の雑魚寝くらし。父は蹄鉄打ちの鍛冶屋で大酒飲み。

　小学時代から仕事を手伝っても、米びつは常にカラ。恵《めぐ》んで貰った砕け米を、石臼で挽き、塩水と混ぜて赤児のミルクを作る。一歳を背負って四歳の手ひいて、一升瓶下げてツケで毎晩酒買に。

　そこら辺でもダントツの貧乏やった。

　近くの〝A子〟が七歳で身売りされ、どこぞの港町で酌《しゃく》をする、という噂――そんな時代でもあったのだ。

「ワシはな、大正七年生れの百歳ということになっとるが、父親が『長男』やから戦争にとられんように、出生届を二～三年保留しとったけん、百二歳～百三歳かも分からん」とのたまう。

　上林の土地が飛行場にとられ、代替地として今の塩上町に移転。昭和二四年やっとこの家が建った。

　小学校卒業後、困窮の中、「借耕牛《かりこうし》の牛追いをせんか」と十歳年上の池西の鈴木のおっさんがやって来た。「一頭追ったらなんぼの世界、十五～六頭を二人で追うたら、日当一円六十銭になる」と言われた。

　他の仕事では一円二十五銭。米一升が十七銭、酒一升七十銭。〝家族が助かる〟と考えた。

　その頃の塩上の家の裏あたりは港だった。男木島《おぎじま》からの牛船《うしぶね》が着く、男木は坂が多く、放し飼いの牛は日常的に坂を登り降りし、足腰が丈夫で強い。〝ハイヨッ〟の掛け声で、揺れる船から板を渡って慣れた様子で、浪打際をパシャパシャ・・・

金色《きんいろ》、艶々《つやつや》の、長い睫毛《まつげ》に縁取《ふちど》られた、深い二重まぶたの黒いグミのような瞳。妙に諦めた、呑気そうな顔で口を動かしているのだった。

　普通、一頭に一人だが、ワシと鈴木さんとで、十五・六頭を追うていく。牛を見る目があったし、貸賃をふやしたいこともあり、難なく群れを追うて行けた。

　花の宮あたりの農家に二頭、塩江街道に出て南へ、太田、仏生山、浅野、川西、岩崎橋、清水峠を超えて穴吹まで、農家に一頭ずつ置いていく。

　辛《つら》かったのは、牛を追って家を出る時だ。中学校の真新しい制服を着て登校する、同級生に出合うのだ。牛の行列の間を横切って行くのを、牛を制《せい》して止め、下ばかりを見つめていた。

　もっとイヤなのは、制服姿の可愛い近所の女子が、ワシを見つけ笑顔で素早く、チリ取り、箒《ほうき》、チリ箱まで取りに戻り、牛糞を片づけてくれるのだ。

　すべて死ぬほど恥ずかしく、イヤだった。

（情けない。こんなことせんと一生ご飯が食べられんのか、家族も養えんのか。学校行けんから、仕方がない。）（鈴木のおっさんは折半《せっぱん》やゆうとったけど、分《ぶ》を取る。子供やから仕方がない。）

　夜なべで牛の草鞋《わらじ》を三十足程編んで、町の人が寝ている暗いうちに出発する。

　行李の弁当箱に麦飯を詰め、塩鮭をほぐしかける。朝飯食っていないし、育ち盛りで昼には三銭のおうどんが欲しい。塩江《しおのえ》のいつも寄る食堂のおばちゃんは、おこいた（蒲鉾《かまぼこ》）を一枚余分にのっけてくれる。

　家族もちの鈴木さんは麦飯だけの弁当に、ワンのうどんの残り汁をかけてすます。

　食堂のおばちゃんは、それも見越して、ワシのうどんの汁を多めに入れる。

　そんな粗末な食事がたたったのか、鈴木さんは暗くなると目が見えなくなる。栄養不良による夜盲症だ。

　日帰りなので、帰りも闇夜。提灯つけて、目が見えんおっさんの袖をつかんで、崖から落ちんように必死で、引《ひ》こずるように帰って行く。

一ケ月したら貸した牛を迎えにゆく。

讃岐の百姓もいろいろだ。可愛がられて土産《みやげ》の塩魚を角《つの》にひっかけ、草鞋を履き太って戻る牛もいる。

賃料を安価にするため〝廻《まわ》し使《づか》い〟された牛も。一軒分の賃料で、三軒位が寝る間もなく使い廻す。

そんな百姓家は牛小屋もなく、田んぼの畦道に杭を打って繋《つな》ぎ、夜露や風雨に打たれ、野晒《のざら》しで疲労困憊。粗食で骨皮筋右衛門だ。

さしもの辛抱強くて頑健な朝鮮牛の牝《めす》の赤毛も黒毛も、うす茶色に褪《たい》色《しょく》してパサパサの毛だ。

川の土手や河原を、水を飲ませながら帰る。

春と秋、清水峠を十数回往還した。

道中、若い女が駆け寄ってきて「お願い～!お願いしますぅ」泣き叫ぶ赤児《あかこ》を抱いて貰《もら》い乳しにくる。借耕牛の中の乳が張ったのをさがし、しぼると黄色い乳がでよったので、それを飲ませ与えたりもした。

十七歳頃には、もっと儲《もう》けないかんと、牛馬喰《うしばくら》をした。大坂峠を越え、鳴門・撫養《むや》・羽の浦・日和佐方面まで、片道百二十キロ～百五十キロメートル。上の方で悪い牛を安く買い、下では良い牛だと言って高く売った。牛馬喰もピンキリである。

二十歳の頃、日支事変《しなじへん》、太平洋戦争に出兵。

陸軍の輸送兵として、将校の号令ひとつで敵の砲弾の中へ突っ込んでいった。同期は死に、ワシも「今日死ぬか、明日死ぬか―」転《こ》けたフリして、逃げまわり、なんとか生き延びて帰国してきた。

戦後、自宅裏の港で沖仲士をした。十一月～十二月になると、広島県から『かき松』という屋形船《やかたぶね》がやってきた。母と娘のカキ料理が珍しく、繁盛していた。ワシも二年間通い、そこの娘を見染め、妻にした。彼女は被爆者だった。

女児を出産後は、自宅を喫茶店に改装して営業。二十年後〝病〟で亡くなった。

それからいうものは、伐採《ばっさい》、石工、発破、左官仕事をしながらずっと独《ひと》り身《み》を通し、妻の菩提《ぼだい》を弔《とむら》ってきた。

学校で勉強してないのが哀しく、夜中貪《むさぼ》るように読み漁《あさ》ったのは、仏典、宇宙理論・精神医学・哲学で専門書に埋もれて独学した。

蔵書の量で二階の座板が抜けそうになった。

トラック一台満杯にして運び出し、全て人に譲《ゆず》った。

今も毎晩の読書は欠かさない。「借耕牛《カリコ》牛追《うしお》い」から始まった人生のイロイロと、あの深夜の学びの積重ねが、ワシを形づくっていると思う。

戦地から帰国後、し続けていた〝沖縄空手・首里派〟の免許皆伝により、自宅を道場とし「空手体育教室」を始め、以後六十九年間、一日も休むことなく今日に至っている。

四国学院大で教えた空手の学生は、社会人となり大出世しても弟子として通ってくる。

警察官・自衛隊員・弁護士・税理士・パイロット・医師・医療関係者・公務員・僧侶・経営者・小・中・高・大学生・教師・不良・不登校・ひきこもり・悩める婦女子・・・等や。

取材中、鍛錬後の女子たちが道場から雪崩《なだれ》こんでき、猪熊氏を取り囲んだ。湯気たつ紅潮した頬、鍛え込んだ張ち切れんばかりの体躯《カラダ》に、Tシャツが汗で張りついている。

眩《まぶ》しく光り輝く笑顔なのに、やはりキリリと眼光鋭い。何事も、鍛え抜かれたプロとはこういう〝美〟を発するのかと、見惚れた。

過去の貧乏は納得していない。借耕牛《カリコ》牛追《うしお》いも、馬喰も戦争も、何も

猪熊佳孝氏

かもくぐりぬけた今、やるべきことは、唯ひとつ、自分を求める、全ての人に応《こた》えたい。

瓦町の踏切で、与《よ》太者《たもん》数名が年寄《とっしょ》りをいたぶっていた。すぐに下車し、年寄りを逃がしあわや乱闘に——超小柄ながら沖縄空手首里派免許皆伝、この道七十年のプロ。

「キヤエーッ!」の雄叫び。突き・蹴り・打ちの攻撃の、迫真の構え。仰天し、蜘蛛《クモ》の子《コ》散らすように逃げ去った。等々、幾多の武勇伝に彩《いろど》られた人生でもあった。

相対《あいたい》する人の顔相で、瞬時にして言わんとする事が分かり、その求めに、融通無碍《ゆうずうむげ》に、対処して責任を果たしてきた。

三六五日、二四時間、三~四日寝ずに、求めに応ずることはしょっ中で、さすがに頭の中がまっ白になる。卒倒してタンコブができたことも。私の何回目かの聞き取りもそういう日々の翌日であったそうだ。

「道場も、自分の稽古もやめたい、休みたいと思うのはしょっ中のこと。」とも明かす。

「いつも今日だけ、今だけ、力いっぱい。明日は分からん。今日とりあえずやろう、の精神で続けてきた。」他人の求めに応じ続けてきて、今がある——それが原動力なのだ。

自然で軽妙、ユーモア、無心　空手仙人、今も現役。

『あと十年か、十五年でやめるぞー』「やめたら、どうするん?」『西国三十三ヶ所遍路に出る。百五十歳までいかな、責任とれん』『何も持たず、全て置いて無一文で。雨晒《あまざら》しになって、どこぞで野垂《のた》れ死にしたら、それで本望。』

回りを見渡して、よく見ると『借耕牛《カリコ》の世界』が今もあり、〝野枝《のえ》と牛のアカ〟の人生が散見されることに気付く。

それぞれが自分の現実を見据《す》え、逃げず、『自分は何者であるか』自問自答し、試行錯誤しながらも、納得いく人生を求め歩んでいる。

私の『借耕牛』の研究や紙芝居実演興業、絵画、執筆活動も理解。高松市立美術館での作品展に招待申し上げ、しばし別世界に浸って頂くと「人生は〝美とロマン〟やのう~その生きざまが〝芸術〟や!」とのたまう。

香川県美術展入選作「咆哮《ほうこう》する牛《かりこ》」のポスト・カードを、デスク前に貼り出し弟子たちと語り合うという。

私の二五年にわたる『借耕牛聞き取り調査』。時に、この世のダイヤモンドを掘り当てることもあるのだ。

借耕牛から始まって、空手ひとすじ、生きとし生ける者すべてを空気のように包んでくれる、猪熊佳孝『百五十年人生』への道程。

これからどうなる?　見守り続けたいものだ。

『香川の民俗』第八二号掲載二〇二一年

《取材》讃岐の 女馬喰《おんなばくろう》

高松の奥座敷といわれる阿讃山麓の塩江に、凄腕の女馬喰がいたと聞いたのは、二十年も前のことだった。

—阿波と讃岐の峠を往還し、讃岐農業を支えた牛のレンタル、全国最大規模の『借耕牛《かりこうし》慣習』は江戸時代から昭和まで、最盛期の昭和十五年には八千五百頭が山を越えた。今や風化寸前のこの史実の調査中、幻の女馬喰は何度か囁いた。「私を書いて。私たちも生きて仕事し、ひとりの女の人生があったんよ。」

その哀切で痛切な声に、こころ打たれていた。が、しかし、借耕牛と馬喰の聞き取り調査には、偏見と差別の厚い壁が立ちはだかるのだ。

目を閉じると阿波との県境、相栗峠を下る九十九折《つづらおり》の細い道が浮かぶ。

（あなたはそこで馬喰をしていたのね、探せば子孫に会えるかな）取材対象者が高齢化し、聞き取り調査は時間との闘い。女馬喰は奇特な存在で、他に類をみない。

遺すなら、今だ。

女木島の借耕牛。五～六頭ずつ船で高松の東浜に渡り、十数頭まとまって塩江街道～清水峠まで農家に一頭ずつ置いていく。

いざ、讃岐へ。行きは丸々、黒々と精悍さにあふれてやってくる。

影を追って奥塩江を彷徨い、四十年近く前になくなったといわれる女馬喰の生き証言を残そうと、口籠る村の古老をたずね歩く。知るほどに夢幻の女馬喰に抱く共感、共苦。薄らに浮かび上ってきたシルエット——

大正の初め頃、両親は香南町か香川町など下の方から流れてきたという。一軒の遠縁を頼って、阿讃山麓の上西村に辿りついた。そこは借耕牛往還の道だった。

元手不要、牛の斡旋・売買の馬喰稼業を始めたのは極く自然な成り行きだった。「三好」と名乗り、武芸を嗜んだように肝のすわった才長けた男は「なべはん」と頼りにされ、いつしか仲間内でも頭角を現わし稼ぎ頭になっていた。

古くから塩江は温泉郷として開け、こんぴらさんに並ぶ歓楽街として栄えていた。遊興の場にはケ

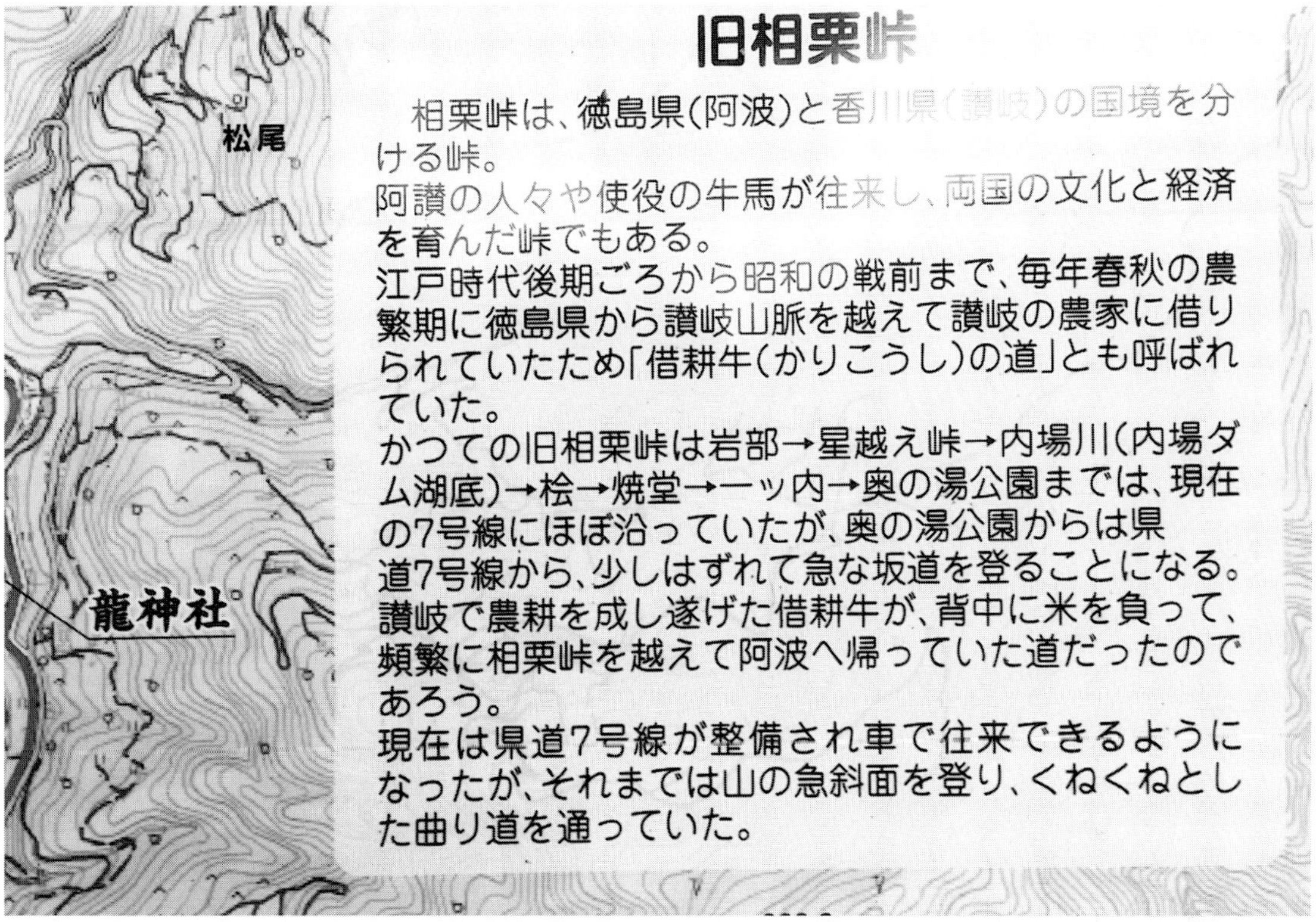

旧 相栗峠 香川からの入口表示板

香川県と徳島県の県境。阿讃山脈の峠のひとつ。
相栗峠の山入口。この石段は旧道に続く。

ンカ賭博を渡世とする侠客といわれた博徒が、町はずれを根城に横行していた。彼等は金になりそうな所にはどこにでも寄生虫的に出没した。馬喰にも「口きき」と称して金銭を強要し、拒むと手がつけられない。

他人様の大事な牛を追うての街道、安全に往還できなくされては困る。泣き寝入りするか、ケンカで勝負をつけるか――。

しかし、三好は違った。他を圧倒する気構えや豪傑な風貌に似合わず、情の深い、しかし誰しもが納得するような、理路整然たる物言いで、寄ってくるヤクザ者と対峙した。

笑顔で受け流し、上手にかわし、ある時は交流さえもした。夫妻は一人娘チカを馬喰として仕込む。腕が立ち口も達者、誰しもが認める凄腕美人馬喰に成長する。中肉中背のチカは、六百キロの牛から足や身を守るため、編み上げ革ブーツ、洋装の腰を幅広皮ベルトで締め上げた。

農繁期が近づくと、阿波の借耕牛が〈牛馬喰〉に追われ、上西村の焼堂に集まる。チカも近在の牛を集め取引だ。牡・牝・歳・体格・仕入れを記し契約書を交わす。チカの牛の品定めと、去勢の手練の早業には、男衆も一目おいた。

若くてべっぴん、言い寄る者は多かった。が、チカが惚れたのは村役場の収入役。色白で庄屋の養子、三人の子持ちだった。昭和十年、チカは一つ内部落に両親と住むための二階屋を新築。牛舎《ドヤ》の奥に離れもあり、棟上げに二升の大餅を投げて村人の度肝を抜いた。

不倫、妊娠その上、建築資金の出所が収入役の流用によったと疑われ、男は自ら命を絶つ。

出産を見届けるように相次いで両親が他界、チカは女手ひとつで娘、環《たまき》を育て上げる。環の友人が登校時に見かけた忘れられない記憶のひとつに、昇り竜の大きな綿入れをぞろりと羽織り、火鉢にもたれて娘を見送る母の姿は〝貫禄〟があったという。このあたりの母親は暗い内から田畑に出るのが常だった。チカは春秋を馬喰で生計を立てるも、夜毎、離れへの人の出入りは激しかった。

山越えのカリコ。貴重な昔の写真。

やがて耕運機の導入、減反政策で、借耕牛は姿を消した。昭和三十三年、中学を卒業した環の就職を機に家を売却、通勤バスの通る街道筋に借家を求める。しかし、元馬喰、妾の噂、私生児、因襲の強い村落で家を借す者はいなかった。母子は行李三つでガスもない廃校の講堂の片隅に身を寄せた。女馬喰で名を馳せた矜持が、男に酌をするを良しとせず、仕事を求めて近所の料理屋にチカが勤めた形跡はない。

誰にも気軽に優しく振舞うチカは、すぐに周りに溶けこみ受け入れられていったようで高級ベッドの販売を始めた。行きつけの美容院の客も競って購入、嫁ぐ娘たちにダブルベッドをもたすことがブームになり繁盛した。講堂の取り壊しまでの二十五年間をそこで暮らし、命を閉じた。環はもとの家の裏手にあった祖父母の眠る墓に母を埋葬した。

母子共に、華があったと人は言う。

一人娘の環は百貨店の化粧品売場に勤務。色白、セシルカット、『山本寛斎』デザインの衣装を次々と着こなして高松へ通勤する、女優さんのような容姿が目立った。商店街の老舗宝飾屋の若社長にスカウトされ、十七歳で転職。センス抜群、客の信用も厚く店は大繁盛。五十年にわたって社長夫妻は有能な環を身内同様に扱い、六十七歳で病死するまで——環は夫人公認の愛人であった。

幾度かの恋愛に破れ、結婚も叶わず天涯孤独。ならば社長夫妻

チカが建てた二階屋。左の空き地に牛舎、その左に離れがあった。その頃にしては立派な邸宅だった。
後年、チカは離れの奥に両親の墓を建てた。

の身内同然の愛人として、環の愛の歓びが育まれていたなら「是」としよう。なら、母チカと同様、たとえ認知が拒まれても、環に子を産ませてやりたかった。

チカが、迫害をものともせず、環を産み育てたように。環も血を分けた子を抱き育てれば、いずれ知ることだ。

馬喰の『血統書』付きの我が子が、偏見というハードルを次々と飛び超え、時代の進展を味方に志を遂げ、酷な社会を変革してゆくに違いないことを。

今や「馬喰」「私生児」は一般的である。

もしかしたら『勲章』かもしれない。

——姿を見なくなったと思ったら、環は他界していた。勤めあげた宝飾店の社長夫妻が借家をキレイさっぱり片づけ、あとには天井の蛍光灯だけ残された。大家には丁重な挨拶があったという。葬儀は小学校・中学校の同窓生によって営まれ、上西のたった一軒の親戚が参列したという。あったはずの墓も取っ払われていて、今はなく、二人の存在は完全に消滅して跡形もない。今やおぼろに他人の記憶の中に残るのみだった。チカと環の晩年に子や孫がいたら、逝去の様子も違っただろう。

——「私たちはこの世を生き、働らき愛した」と言いたくても言えず、遺したくても遺せず、強固な偏見と差別の中でも、華やかに堂々と、一時代を担う馬喰人生を全うした三好チカと娘、環に、愛をもってこの稿を捧げる。

塩江・安原の街道沿の山際竹林の中の倒れた牛の墓。時期の異なる三頭が合祀されている。

“元気で又こいよー” 賃料の玄米袋や土産を背に愛する家族のもとへ、さあ戻ろう！

「借耕牛の正装」2021年冨田紀久子　作画

ぬかるみ「阿讃の峠越え」
2020年　冨田　紀久子
F50号　油彩

第81回香川県展入選作品
咆哮《ほうこう》する牛《カリコ》
2019年　冨田　紀久子
S50号　洋画

校区の顔

「借耕牛《かりこうし》」の歴史を集大成

冨田紀久子さん（今里町）

本職はデザイナーながらマルチな才能の持ち主。高松一高から東京の女子美術大学芸術学部産業デザイン科卒業。県立高校のデザイン科教諭などを歴任し、昭和44年、高松市内に「デザインオフィスキクコ」を設立。

県内初の小中一貫校「高松第一学園」の記章を作成したほか、香川医科大学の完成予想図のパースを手掛け、開学に一役買いました。

今、冨田さんが執念を燃やし、取り組んでいるのが、江戸時代から昭和45年ごろまで、約250年間続いていた「借耕牛」の歴史。借耕牛は、小農だった香川の農家が春秋の農繁期に、阿波地方など徳島の山間部から牛を借り、農作業に使っていました。今風に言えば「牛のレンタル」。

「阿波の農家は、米の収穫は少なかったが、牛のエサとなる草は豊富だったため、物々交換して牛を貸していました。牛は役務を終えると、背中に、レンタル料の代わりに玄米俵2俵（120キロ）を背負って阿波に帰って行きました」と端緒を語っています。

熱意が実り「牛の墓標」見つけた！

「作業を終えた牛は、やせ細り、阿讃の峠を越えるのに、あえぎあえぎだったそうです。途中で力尽きて倒れて亡くなった牛も数知れなかったようで、倒れた牛は苦しまないように、と首を切り落とされます。まんのう町と綾川町の境に『首切り峠』があります。色々な説がありますが、私は借耕牛にまつわる地名だと考えています」。

30年近く前から借耕牛に興味を持った冨田さんは、地元はもとより、東京・国会図書館まで足を運び、調査しました。そんな執念が実ったのか、平成19年の盆の8月14日、牛の倒れた塩江往還道の雑木林に、ひっそり佇んでいた、丸いソラ豆の形をした石の墓標＝写真＝を見つけました。

「墓標には『昭和3年　牛の墓　1月17日』と刻まれていました。借耕牛の歴史を証明する現物に会えた。私は墓を抱き締めました。その周辺には白ユリが咲き誇っていました」と感動の瞬間を披露してくれました。

冨田さんは、数年前から借耕牛の歴史を絵巻物や紙芝居にして、各地で伝えています。「私が調査した借耕牛の歴史を集大成した本を出版して、図書館や学校、施設などに寄贈したい」と熱い夢が広がります。

早春　2021年　冨田紀久子

2013年（平成25年）11月14日（木曜日）　地域総合　（22）

借耕牛の風習伝える

「借耕牛への関心をもっと高めていきたい」と語る冨田さん

農繁期に徳島から香川へ耕作用の牛を連れてきた風習「借耕牛《かりこうし》」を紙芝居風に紹介するパネルを制作した冨田紀久子さん(69)＝高松市＝。三木町文化交流プラザの屋上広場に設置されたパネルを見ながら「かつて借耕牛がやって来た阿讃山脈を望める場所で、風習への関心が高まってくれたら…」と期待を寄せる。

15年前に風習を知って以降、郷土史や農業史を調べたほか、東京の国会図書館に足を運んで資料を読み込んだ。「稲作に不可欠だった半面、過酷な農作業や険しい峠越えで疲弊する牛たちの姿があった」。その両面を伝えたいと考え、物語仕立ての絵巻を制作。それが縁となって、今回のパネル制作の依頼を受けた。

手掛けた34枚のパネルは2、3日に開かれた文化祭で町民にお披露目され、お年寄りから当時を懐かしむ声を聞き、「カリコ（借耕牛）が再び幅広い人の心の中で動き出したような気がする」と喜ぶ。

次は紙芝居を作り、図書館の読み聞かせ会などで活用してもらう案を検討している。「盛り込みたいストーリーはまだまだありますよ」。県農業を支えた風習を今後も伝えていく意気込みだ。

あの人　この人

2013年11月14日　四国新聞掲載

『こと比ら』第七二号掲載二〇一七年

借耕牛《カリコウシ》を描く〈1〉

一九九二年、秋

「借耕牛《カリコウシ》を描いてみない？　あなたなら描けると思うよ」知人から〝宿題〟を負わされた。「エ、ナニ？　カ・リ・コ・ウ・シ」

たきつけた知人は、「調べていくと、突っこんでいくと、面白いかも……」と、思わせぶりに話すのです。

本業の傍《かたわ》ら、借耕牛《カリコウシ》慣習の論文や町村史を調べ、果ては国立国会図書館まで出向いて全国の慣習を研究。機会をとらえて聞き取り取材をするも、絵を描くには至らない。

『阿讃の借耕牛《カリコウシ》』――阿波と讃岐の峠を往環《おうかん》し、江戸時代から昭和まで二五〇年にわたり、讃岐の農業を支えた。

〝日本一の讃岐米〟として、最盛期の昭和十五年、春秋八、五〇〇頭が峠を越える。

論文や専門書は難解で、生身の借耕牛《カリコウシ》の実相が見えてこない。ヒトと借耕牛《カリコウシ》との血肉の交わり、喜怒哀楽が私の〝腸《はらわた》〟に入り込んでこない。

私の理解力不足なのか、私の生育環境に牛が不在で、見たことも

山越えのカリコ　貴重な写真

飼ったことも、使役したこともない――観察と愛の不足だった。

牧場や牛舎の、生身の牛と心通わせたい、牛を好きになりたいと通うも、そこには、大事に飼われた乳牛や肉牛がズラリ……（違う。求めている牛とは違う。しかし、借耕牛《カリコウシ》はどこにもいない。どうすればいいんだろう――）

絵が描けないことは、心中深く澱《おり》となって積もり、私を悩ました。

“元気で又こいよー” 賃料の玄米袋や土産を背に愛する家族のもとへ、さあ戻ろう！

数年後、転機が訪れた。

知人から徳島県三好市に、借耕牛《カリコウシ》体験者がいるとのことで尋ねて行った。

野良着《のらぎ》姿の老女が、籠《かご》に山盛りの野菜を抱えて戻ってきた。玄関先きで二個の段ボールに詰めながら「送ってやるんや」前歯の欠けた笑顔、訥々《とつとつ》と取材に応じてくれる。

阿波の山村に生まれ、家が貧しく十二才で紡績工場に出されそうになった。それを拒み、家出同然に借耕牛《カリコウシ》の群れに紛《まぎ》れて、生まれて始めて峠を越えた。讃岐の農家で牛とともに身を粉《こ》にして働き、阿波の実家に米俵を持ち帰り家族を助ける。十年後、地元の農協へ勤務し結婚。共稼ぎして二人の子供は進学、就職。

新築した白い洋館に住み、畑仕事を楽しむ。

話を聞いていくうちに、何故か女性の顔が徐々に若返っていく。（ア

レレ、マサカ?)

　彼女は人生を、運命を切り開くために、阿讃の峠を越えたのだった。私も東京へ出、デザインの世界を故郷《ふるさと》で切り開いてきたのだ。

　阿讃山脈の南《みなみ》の山村と北の市街地の子。心臓が早鐘のように打ち始めた。(ウソだろう……)

　借耕牛《カリコウシ》と共に苦労した、遠い昔の、娘時代の、貴重な体験を取材している心算《つもり》だった——しかし何故胸が痛むのか。疑念はやがて確信に変わった。彼女は私と同い年、昭和十九年生まれだった。

　知るはずのない事実に遭遇《そうぐう》し、突き付けられ、ある想いに震え上がった。これは「自分のこと」だ。峠を越えた少女は私。目の前の借耕牛《カリコウシ》体験者は——私だったのかも。

　二〇〇七年八月十四日、盆、気温三六・七度。朝、誰れかに呼ばれたように向った塩江街道、安原。主人を置いてひとり、導かれるように竹の群生する山中に。地元民から注意された、蝮《まむし》が潜《ひそ》む藪《やぶ》の傾斜十五度。うろつくこと一時間。猛暑に耐えかね、冷暗を求めて潜《もぐ》り込んだ雑木林——暗中、幼児がぽつねんと佇《たたず》んでいた。

　一瞬、金縛《かなしば》りになり全身総毛立《そうけだ》った。対峙《たいじ》すること五秒、這《は》いずって近づくと、それは探《さが》し求めていたものだった。

　青灰色《せいかいしょく》、空豆形《そらまめがた》した淵《ふち》の石。

「待っとったん?　ずう~っと?」

墓石に刻まれた『昭和卅年、牛の墓、一月十七日』

　この塩江・安原の在所のお年よりの話からも、刻まれた年号からも、飼牛ではなく借耕牛《カリコウシ》の墓と考えられた。

　汚れや蔓草《つるくさ》を取り払い、四角の台座から抱き上げる。想像したより軽く、木漏れ日に暖められたか、丁度人肌の仄《ほ》の温《ぬく》さ。

　借耕牛《カリコウシ》研究書の、黒く潰《つぶ》れたモノクロ写真と、細かな説明文の書物の中の借耕牛《カリコウシ》と格闘していた長い年月……

借耕牛の墓

　想いは叶った。たとえ墓であろうとも、形と重さと体温さえ感じられる、実在の借耕牛《カリコウシ》を、今、抱いていた。抱き締めて(讃岐にきて、そのまま帰れんかったんやろ、辛《つら》い野良《のら》仕事を長いこと耐えて頑張ってくれたんやろ　今日は、よう呼んでくれた。有難う〱)
　ぶつぶつと何遍も語りかけた。墓石の奥から、つぶらなグミのような目が、フッと笑った。
　別れの刻がきた。カメラに収《おさ》め、(分かった。私はあんたを忘れない。何《いず》れ、キチンとカタチにして残すから。ずうっと此処《ここ》に居《お》って。ココは安住の地、蝮《まむし》が守ってくれるから)
　見えない何かに掴《つか》まれて、どこかに持っていかれるような、この二度の不思議な邂逅《かいごう》の後《あと》、私は初の『借耕牛《カリコ》展』〝花々と魂の響演〟を開催した。

二〇〇七年、晩夏

　場所は、四国の玄関サンポート高松・３Ｆ香川プラザ。最先端・近未来的なビルの中に、讃岐の昔ながらの山里を持ち込んだ。

　所属している香川県デザイン協会、設立十周年特別企画、会員によるリレー展。バトンを渡された私の出番だった。

　会場に鈴虫の音が響き渡る。百本の熊笹が植え込まれ、天井からは青の薄布《うすぬの》が、風を孕《はら》んで吹き流され、吊り下げのボードに描かれた笹百合は健気《けなげ》に、うつむき加減《かげん》に群生している。突然の驟雨《しゅうう》が、阿讃の山脈《やまなみ》を駆け抜けると、全身を激しくしならせ、顔を振りたて、金色の蕊《しべ》から濃密な芳香を辺《あた》り一面撒《ま》き散らす——生い茂った藪《やぶ》の奥から、借耕牛《カリコウシ》の列がゆっくりと姿を現す。——夢にみた光景だ。

寂《さび》れた社《やしろ》の白い神籤《みくじ》が震《ふる》え、道端のうどん屋の褪《あ》せた暖簾《のれん》が揺《ゆ》れている。

北側ガラス窓からは、いぶし銀の漣《さざなみ》が拡《ひろ》がり、碧《あお》い島々が影絵のように揺らめく瀬戸の海——そう、それは、馴染《なじ》みの讃岐の風景。ライト煌《きらめ》く大空間に、かつて借耕牛《カリコウシ》が往環《おうかん》した阿讃の峠から、泥土の中で農耕に汗した讃岐平野までをと、一堂に再現して見せたのだ。

それまでの調査研究から〝香川県民のほとんどが『借耕牛《カリコウシ》』の史実を知らされていない〟事を私は熟知していた。〝理由〟は曖昧《あいまい》なままで、私もその時点では真相に辿《たど》り着けてはいなかった。その上、未《いま》だ肝心要《かんじんかなめ》の『借耕牛《カリコウシ》』が描けない——借耕牛《カリコウシ》不在の、カリコ展は〝花々と魂の響宴〟と銘打ち、阿讃山中の笹百合や藪椿《やぶつばき》に托し、借耕牛《カリコウシ》への気持ちを表現した。

咲き誇り、散っては又咲く花たちは、土埃《つちぼこり》をあげて往環《おうかん》する借耕牛《カリコウシ》の行軍の間近かにいた。深い森の中、掛《か》け声や鈴の音が谺《こだま》し、牛たちは容赦《ようしゃ》ない荒縄《あらなわ》に追われる。足は捕《と》られ、泥を跳ね、躯《からだ》は熱を帯び、昇《のぼ》る湯《ゆ》気《げ》、飛び散る汗。

借耕牛《カリコウシ》がどんな形相をし、喘《あえ》ぎ、筋肉の収縮を繰り返していたのか——その微細な変化をリアルに教えて欲しい、描きたい。

花々は、汗や土砂を浴びつつ、その一部始終を見ていたはずだ。花弁や葉脈、雌蕊《めしべ》雄蕊《おしべ》、襞《ひだ》の奥の奥、細胞や遺伝子に一切合切を取り込んで焼き付け、保存・蓄積しているのだ。山中の唯一無二の生き証人として。

私は乞《こ》う。「教えてほしい。何を見、何を聴いたか」サンポート高松に現出させた讃岐の山里。しかし借耕牛《カリコウシ》は現《あらわ》れず、振れる笹百合、藪椿《やぶつばき》。

空しく響き渡るは、鈴虫ばかり。

二〇二二年、晩秋

やっと絵が描けた。

「カリコと少女」と題し、母校の美大香川支部展に、二双の墨彩絵巻を出品。借耕牛《カリコウシ》が誰れにでも解るように、絵物語で綴《つづ》られている。「借《カリ》耕牛《コウシ》」は五十年の時を越え、初めてその姿を高松市美術館に現《あらわ》した。

同作品はその後、まんのう町文化祭にお邪魔《じゃま》する。〝借耕牛《カリコウシ》の聖地〟といわれ、琴南町落合橋の欄干《らんかん》に、往環《おうかん》する借耕牛《カリコウシ》の姿をレリーフに残した、有名な場所である。その地元農家の人々が、パネルの前にわらわらと集まってきた。絵巻の借耕牛《カリコウシ》に声を挙げる。

「年よりが言よった『おつかん（往《おう》環《かん》道）出てみ、通りよるわー』出て見るとようけの牛がポタポタ糞《ふん》落としもって行きよった」「この通りやでー—間違いない、なあ姉さん」「うちにきよった借耕牛《カリコウシ》や、よう似とる」「賢《かし》こかったぜ、懐かしいわぁ」「涙が出るぅ」「あんた、仲南《ちゅうなん》な」「イエ、高松です」「ホーよう出張《でば》ってきてくれたのぉ」

絵巻の前で賑《にぎ》やかに往時の記憶に花が咲き、その輪のまん中に借耕牛《カリコウシ》は居

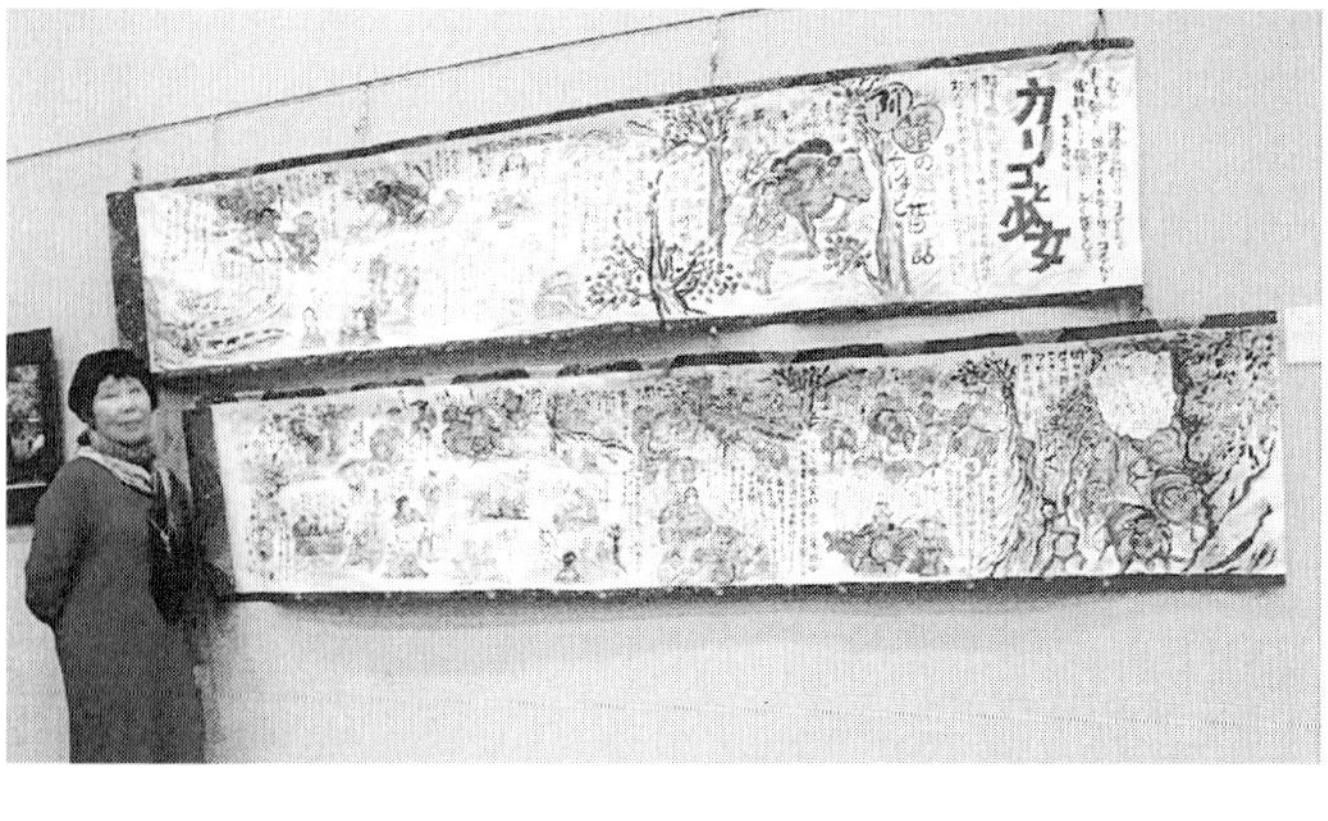

た。

この反響に勇気を頂き、三木町池戸公民館に絵巻を展示。これが縁で三木町文化交流プラザに、紙芝居風の三十四枚のパネル（縦一・一メートル、横九十センチ）が設置された。

展示場所は、かつて牛が通った阿讃山脈を眺められる絶好のロケーション。香川の農業文化、お米の大切さを、子どもたちにも知ってもらいたいと、全文ルビをふった。

その後、阿波と讃岐の借耕牛《カリコウシ》慣習の二双の墨彩絵巻、紙芝居、絵《タブロー》、DVDを制作。

琴南、琴平、高瀬、観音寺、三木町、高松東かがわ等で個展・紙芝居・講演の機会を頂く。

二〇一五年、三月

活動の努力が実り、琴平町立ギャラリー「ACT《アクト》ことひら」で一ケ月におよぶ個展を開催。場所柄、お国柄、「借耕牛《カリコウシ》」がこの地にもつ歴史的背景も相俟《あいま》り、思いがけない来場者に圧倒される日々となった。

そこで、借耕牛《カリコウシ》と苦楽を共にした農家のお年寄りの、苦渋の体験、悲《ひ》喜交々《きこもごも》、真に迫る借耕牛《カリコウシ》の実相を知らされた。生涯、忘れようにも忘れられない往時の記憶を、全身震わせ嗚咽《おえつ》し囁《ささや》く。それは私の心臓を射抜いてきた。〝日本一〟といわれた讃岐米は、五反百姓と牛たちの血と汗の滲《にじ》んだ、命と引き換えの代償だった。

私は掛ける言葉を失って、ただただ背中を摩《さす》って落ち着かせ、木偶《でく》の坊《ぼう》の如く立ちすくみ、寄り添うばかりだった。

「借耕牛《カリコウシ》を使《つこ》うた時分《じぶん》がのぅ……あ、あん時ゃ……」重い口から絞《しぼ》り出される、証言ひとつひとつ――。何の体験も、何も知らずに日なたにいた私を打ちのめした。

会場では「借耕牛《カリコウシ》の唄」が一日中流され、来場者を喜ばせた。この曲は三十年も前に作詞・作曲、CD化され、そのまま埋もれていて、A《ア》CT《ト》ことひらの会場で見事に復活を果たした。昔日の借耕牛《カリコウシ》を彷彿とさせる、哀愁を帯びたメロディは、何遍も通って下さるご婦人が「家で掃除機かけとっても、借耕牛《カリコウシ》の曲が頭から離れん」と、おっしゃってご来場。

主人公「アカと野枝」に連日通ってくるファンも。「ちいさいのに、家族を助けて、よう働く。かわいいのぉ、おいしいうどん食べさせてやりたいわ」画面の顔をしきりに撫《な》で、大根やキャベツを差し入れてくる。

紙芝居は特に人気で、地元の幼稚園児や、来場者を前に、一日、三〜四回披露することも。

琴平での個展終了後、NHKテレビが数回「借耕牛《カリコウシ》」を放映した。昭和二十五年・三十二年に白黒フィルムで撮映されたが、最新技術で修整、着色加工され、美しい映像になっている。

第二次大戦中、中止されていた借耕牛《カリコウシ》慣習が復活したのだ!! 峠の向うから「やってきたぞー」農民や研究者、報道陣がカメラかかえて待ち構える。

丸々、黒々、艶《あで》やかな牛の姿に息をのむ。精悍《せいかん》な目を据《す》え、筋肉隆々、働らく気力が横溢《おういつ》している。アナウンサーや解説者。ラジオの実況放送もあり、数年ぶりで見る借耕牛《カリコウシ》に、地元が沸き立っているシーンから始まる――

急峻な阿讃の峠を、馬喰《ばくろう》の荒縄《あらなわ》に追われ、列をなして越えてくる。セリにかけられ、価決《ねぎ》めされている。手強《てごわ》く固い泥土の中で重い牛鍬《うしんが》を引いて田起こしに精を出している姿も。

関わった人々に、六十余年消え去ることのない、深い痕跡《こんせき》を残し続ける『借耕牛《カリコウシ》とその慣習』幻だった借耕牛《カリコウシ》の、生きて動き、働らく様。その前で喜び満面で往時を語る農夫。捜《さが》し求めた貴重なフィルムはやっぱり残っていた。それは、乏《とぼ》しい想像力を遥《はる》かに越えた存在感で、私を圧倒した。

二〇一六年、初夏

『咆哮《ほうこう》する牛《カリコ》』と題する作品で、第八十一回香川県展、洋画部門で入選を果たす。

二五〇年間の役目を終えて絶滅し、今や県民に忘れ去られ、風化寸前の借耕牛《カリコウシ》は、県立ミュージアムのライトの下でその存在を示し、怒り悲しみ渾身《こんしん》の力で吼《ほ》えたのだった。

借耕牛《カリコウシ》に背を押されての制作だった。が、キャンバス上で彼は思わぬ進化を遂げた。作者の計《はか》らいを背《そむ》け、史実を超越し、社会性まで提示してきた。私は躊躇《ためら》うことなく従った。

初めて『カ・リ・コ・ウ・シ』と聞かされた時より、二十四年を経て、やっと尻尾《しっぽ》を捕《とら》えたかのようだ。借耕牛《カリコウシ》は豊かで微妙な感情、様々な表情を見せてくれる。しかし最近は、厳しく酷《こく》な、泥だらけの姿で私を追いつめ、容赦《ようしゃ》ないのだ。

人は言う「もっと美しいもの、キレイな色彩、可愛《かわい》く心癒《こころいや》す絵を、描けば？」

『そうだね、そりゃ良いね』

私も孤独と困難に凹《へこ》んで、日和《ひよ》りそうになるのだ。しかし、もう時間がない。年々歳々、借耕牛《カリコウシ》を知る人が、手の届かない処へ逝く。

〈オーイ、時間よ止まれー〉

山越えや泥土の中のその顔貌《かおかたち》。そっくり、空気・時間まるごと、生《なま》の全貌を描き切りたいのに。

私のひ弱な背中に向かって、人は云う。

「死ぬまで、描くんやろ」「カリコを極めて――」「カリコの霊も浮かばれる」「どんなカリコの顔付き見せてくれるん？」「これからも楽しめそう」

それより何より、否《いや》も応《おう》もなく、私を摑《つか》んで離さない、見えないけれど強大な、借耕牛《カリコウシ》の存在が、魂が、私の背中を押してくるのである。

▲両神鳥居《りょうがみとりい》－阿讃交流の十字路・カリコ道
石造大鳥居サヌキ側には「大頭大権現」、阿波側には「金毘羅大権現」と刻まれている。
左：アメノウズメの命、右：サルタヒコの命の石像。
阿讃山中の美馬町と琴南町境目－三頭峠におわす。

農業支えた借耕牛

絵巻物や紙芝居で「後世に」

高松の冨田さん作品展

「カリコと少女」の絵巻物語について説明する冨田さん＝琴平町の町立ギャラリーＡＣＴことひらで

かつて香川の農業を支えていた借耕牛《かりこうし》を絵巻物や紙芝居で紹介する高松市のデザイナー、冨田紀久子さん(70)の作品を展示した個展が、琴平町の町立ギャラリーＡＣＴことひらで開かれている。31日まで。入館無料。

借耕牛は、江戸時代中期から1970年までの約250年間に渡り、農繁期に阿波（徳島県）の山村から讃岐（香川県）の農村に借りてこられた耕作用の牛のこと。田おこしや田植え、麦まきの際などに使われていた。

香川の小規模農家は、牛を飼うことができず、徳島の山村には、放牧ができる草地が多かった。このため、両者の間で貸し借りが成立。借り賃は、収穫した米で香川の農家が支払っており、徳島では「米取り牛」とも呼ばれていたという。

最盛期には、年間約8500頭の牛が春と秋に、讃岐山脈の峠道に行列をなす姿が、風物詩にもなっていた。戦時中は一時中断したが、1950年ごろに再開。しかし、戦後に農作業の機械化が進み、70年に姿を消した。

借耕牛のことを知った冨田さんは、当時を知る人たちから話を聴くなど精力的に調査を続け、絵巻物語の「カリコと少女」として完成させた。物語は、出産したばかりの子牛を残し、香川へ借耕牛として赴いた親牛のアカと、心配してアカに付き添いともに農家で働いた少女、野枝との感動の物語だ。

展示作品は、冨田さんが制作した「カリコと少女」の縦約60㌢、長さ2・7㍍の2本の絵巻や紙芝居のほか、新たに制作した新作の3本の絵巻（縦1・8㍍、長さ1・3㍍）なども展示している。

14日午後1時半からは、冨田さんが借耕牛の話と、自作の紙芝居を読み聞かせする。

冨田さんは「借耕牛を知らない人が大勢いるので、絵巻や紙芝居にした。心を打つドラマがあり、風化し
ように後世に伝え
たい」と話してい

開館は午前9時
後5時半、水曜日
問い合わせは、同
ラリー（0877
・2655）。

【山中尚

2015年３月８日　毎日新聞掲載

借耕牛と少女の物語を墨彩画に

デザイナー冨田さんが個展　琴平

農繁期に阿波から讃岐に連れてこられた借耕牛の風習などを絵巻で伝える冨田さんの個展＝琴平町、ＡＣＴことひら

高松市出身のデザイナー、冨田紀久子さん(70)が借耕牛《かりこうし》の歴史を墨彩画で伝える個展「峠を越えて『カリコと少女』墨彩絵巻物語」が、琴平町の町立ギャラリー・ACTことひらで開かれている。往時、農繁期になると阿波から讃岐に連れてこられていた農耕用の牛と、貧しいために奉公に出された少女の姿を重ね合わせた墨彩画の物語が来場者の興味を誘っている。31日まで。

冨田さんは、歴史資料や聞き取り調査などからイメージを膨らませ、史実を紙芝居風に仕上げるシーン別のパネルをデザインしている。

今回は、3年ほど前から取り組んできた「絵巻物語」などを展示。絵巻には家族を守りたい一心で讃岐山脈の峠を越え、奉公に向かった少女と借耕牛の物語を墨彩画で紹介。墨の濃淡を使って質感や立体感を表現し、風景や人物の生命力あふれる豊かな表情が来場者を引き付けている。

14、15の両日は、午後1時半から借耕牛の物語を自作の紙芝居で読み聞かせを行う。冨田さんは借耕牛について「江戸時代中期から250年ほど讃岐の農業を支えた風習で、山村の経済を潤してきた」と説明し、「子どもたちにも香川の農業文化に関心を持ってもらいたい。昔の暮らしぶりや家族に絆があったことを伝え残してほしい」と話した。

2015年３月10日　四国新聞掲載

『こと比ら』第七三号掲載二〇一八年

借耕牛《かりこうし》絵物語〈2〉

―さぬき春秋―

金刀比羅宮、本殿前広場の欄干《らんかん》から見渡す、さぬき平野の全貌は圧巻である。

春夏秋冬、折々……ことに好きなのはみのりの秋だ。

さぬき平野の稲田一面、黄金の海。ゆさゆさ肥えた稲穂が日に照り返されつつ、一《いっ》斉《せい》に泡だつ。中央に女王の如く鎮座ましますは、讃岐富士（飯野山）。欄干から、左右対称の端正な双曲線をみせて、その長いドレスの裾《すそ》をザ・ザ〜、ザ・ザ〜豊かな稲穂の波が洗っている。

その脇を、阿讃山脈・真鈴《ますず》峠の西四キロ、滝ノ奥峠に端《たん》を発す、一級河川・土器川が平野を二分し、蛇行しつつ瀬戸内海に注ぐ。

空を映して丸いかがみの光を放つのは、大小無数のため池で、平野の中には丸いおむすび山がポコン・ポコン。その間を縫ってレトロなコトデンが玩具《おもちゃ》のようにカタン・コトン、県外者を魅了する。

『日本昔話』の世界を彷彿とさせる百八十度の眺望を我がものに、金刀比羅宮はまさに香川のヘソ、中心に位置している。

遠く瀬戸の島々が霞み、白い航跡を描いて船が行き交う。仰げば無限の虚空――刻々と色彩を変えつつ炎上し、巨大なアート・シーンを展開する。

いつ参拝しても、本殿前・欄干からの変らぬさぬき平野に、私は安堵する。

遠く〝農〟からかけ離れた、市街地の商家で生育した。東京の美大で学び、未熟ながら香川のデザイン教育と制作活動に携わった――〝作物〟を植え育てた経験がないままに、縁あって、望んで、中讃の兼業農家に嫁いだ。姑となった人は、産後すぐの若い嫁を従え、農閑期のまっ黒な田圃《たんぼ》に出る。畝《うね》に棒で穴をあけ、豌豆《えんどう》の小さな種をまいた。天秤棒に肥《こえ》桶《おけ》ぶら下げ、夫と二人、刈田を対角線に突っ切り、角《すみ》の深い穴に投入する。ドボン！　ピチャー「ヒェ――」流動物が飛び着いてくる（……ヤライじゃない、この何とも芳しいニオイ……）

田に満々と水が張られた。赤い襷《たすき》の早乙女たちが、阿波からやってきた。年嵩《としかさ》の女が若い娘たちを率《ひき》い、定規《じょうぎ》を使って手際よく田植えをしていく。私の仕事は昼餉《ひるげ》の仕度《したく》。塩むすび、高野煮、ひね沢庵。翌日はキツネうどん、胡瓜《キューリ》もみ。麦茶は井戸で冷した薬缶《やかん》ごと。――下手に手伝おうと水田に足を入れたら、たちまちヒルに吸い着かれ、尻もちをつき立ち上がれずベソをかく。

「夏の台風を凌《しの》げば、豊作まちがいなしじゃ……」呪文《じゅもん》の如《ごと》く繰り返す姑の腰は、九〇度に曲がって、亡くなるまで伸びなかった。

辺り一面、幾筋もの白い煙がたな引く。新藁《しんわら》を焼く香ばしい匂いが村中に満ちる。幸せに、何度も何度も深呼吸する。肥え太った雀がなおも

女木島の鳥牛

「五穀豊穣」借耕牛　春耕図
F20　2017.1　ミクストメディア

狂喜乱舞して落ち穂に群がって来る。

古《いにしえ》より続く、豊かで揺るぎない〝農〟の慣習は、小さな私を圧倒した。

後年、Culture《カルチャー》〈文化・教養〉の語源が、Cultivate《カルティベイト》〈耕す・育くむ〉と知った時、いたく感じ入った。

祭りだ。村々の神社に『五穀豊穣』の幟旗《のぼりばた》がはためく。ハレの御馳走《ごっつぉう》——煮しめ、揚げもん、ばら寿し、うどんが並び、お神酒《みき》も振るまわれる。村人一同豊作を喜びあい、この日ばかりは無礼講の骨休みに酔いしれる。

刈田が静かになった十一月。〝カラーン・コローン〟低い鈴の音が響き渡り、阿讃山脈八つの峠を越えて借耕牛がやってくる。

夜明け前に出立してきた牛は丸々・赤々・黒々、精悍そのもの。役務は、刈田の稲株を掘り起こし、土塊《つちくれ》を砕き、鋤《す》き起こし耕やし、麦蒔きの準備をする。人の手だけでは、途方もない重労働の助人《すけっと》だ。

阿讃の貧しい農民間で必要に迫られ、自然発生したこの慣習は、江戸中期から昭和四十五年迄、二五〇年にわたった。昭和十五年には、年間八、五〇〇頭に達した全国最大規模の牛のレンタル制度が存在したのだ。

到着した山麓の村々が急に騒がしくなる。朝霧の中、牛たちが啼き交《か》い、男たちのココ一番、勝負の掛け声や怒号がとびかう。大博労《だいばくろう》とその一党、仲介人、牛追い、借り主の百姓たちが一頭の牛の良《よ》し悪《あ》しを巡り興奮に沸き立つ。袂《たもと》の中で値決めし、賃料が決まったら、円陣を組んで手打ちしたりもする。競《せ》りを終え、大金を懐中にねじ込んだら、各々《それぞれ》遊興に走る。市場を囲む飲食店、茶屋、旅籠から三味線や太鼓の音、女たちの嬌声が上がり大賑い。

「泥ぬかるみ濘」油彩　F50　2017.7
阿讃越えの借耕牛と牛追いの女。

大博労ともなれば手下引きつれ、豪勢に人力車を連ね、こんぴら大歓楽街へと繰り出す。盆と正月一緒にきたような〝精進落とし〟の始まりだ。

江戸初期より「近世讃岐の道は、金比羅に集まる」といわれ、県内、五街道が整備される。さらに瀬戸内の海路を通じて、本州・九州などと結ばれた。

こんぴら信仰の高揚で、全国的規模の参詣客に加え、観光娯楽、遊興の徒、商人、弘法大師信仰・修験道の四国八十八ヶ所巡礼も、この門前町に集中していた。

そんな中へ、派手に乗り込んできた大博労とその一党、湯水のごとく惜し気なく金をバラまくから大変だ。全国から、天下一品・キレイ処の芸者衆が三味線片手に群らがってくる。鉦《カネ》や太鼓が小路の偶ずみまで響く歓楽境——飲み、打つ、買う、歌舞伎や相撲興業、おまけに千両富くじが当たるの一大レジャーセンターだった。

一介の農夫も、大事な牛で稼いだ金で散々のお楽しみ。スッテンテンになった朝まだき、鬼の嬶《かかあ》の顔が浮かぶも、未だ残る未練に、こんぴら方面を振りむかずにはいられない。

まんのう町羽間《はざま》あたりは〝見返りの坂〟と呼ばれていたそうな。

さて、さぬきの農家に借耕牛が「キタゾ、キタゾー」

まんのう池の水が這《は》入《い》ったらすぐ田植えだ。一息つかせる間も惜しみ、借耕牛を田圃《たんぼ》に入れる。固く荒い土を力強く起こし始めると、近所の小作が二～三軒も寄って来て「次はうちくぞ」「早《は》よせー早よせいよ」と急《せ》かす。

これが悪名高い〝廻《まわ》し使い〟だ。一軒分の賃料を仲間内で割るので安くつく。その分牛の労伪は過酷になる。夜を日についで追い使われ、もう水も喉を通らない。雨が降っても畦道《あぜみち》の杭《くい》に繋《つな》がれ、濡れ鼠《ねずみ》。帰りの峠で倒れたら首を切られ崖下へ……。

まんのう町と綾川町境の「首切峠」の標示板。諸説あるが借耕牛の哀れな末路を、歴史に留《とど》め、人々の記憶に甦《よみがえ》らせるものとして残したい。

「生まれ変っても、廻し使いの借耕牛にだけは、なりたくない。」と百姓間で囁かれたその実態は、最近まで公《おおやけ》にされなかった。取材に重い口《くち》を開き「――もう時効やけん、言うけどの……」地元の古老が述懐した借耕牛の残酷物語の収集は、これからの私の急を要する課題になっている。

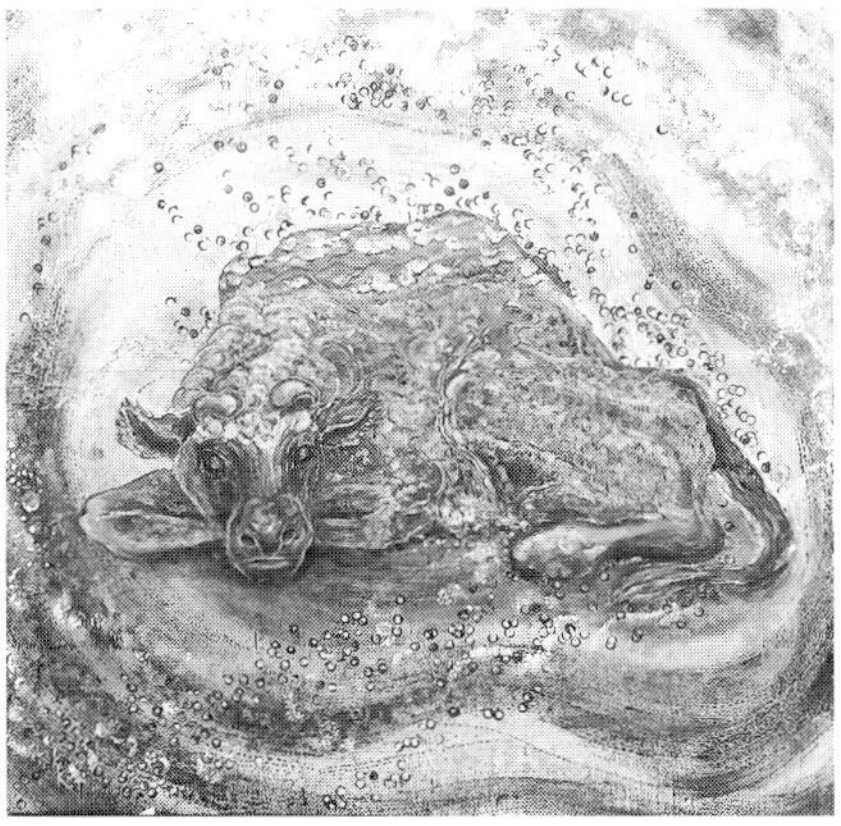

「昏まどろみ夢」アクリル画
S30号　2017.7
耕やし峠を往還し、あまりの辛さに咆哮《ほうこう》する。しかし、もう今はまどろむだけ。宇宙の銀河系に融けて……

モチロン大事にされ、可愛がられた話の方が多い。「来た時よりも太らせて帰すため、牛の好きな青草刈りに子どもたちが精出した」「自家用の牛と借耕牛を一日おきに使い、十分休ませる」こうして阿讃間で強い絆が結ばれ、親戚づきあいや博労を介した婚姻が増加。「讃岐男に阿波女」……阿讃の峠を花嫁も越えて行った。

大事な吉野川の命の水を送り込み、〝渇水香川〟に潤沢な水源が確保されたのも、阿讃間の長い歴史が培ったものの大きさによるものだろう。有り難いことだ。

今や借耕牛の史実を知らない香川県民は、九九・九％だといわれる。このままなかったことにして風化してゆくのだろうか。

――私は、行く。借耕牛が生きた、あるがままのその様《さま》を追って西へ、東へ。阿讃の北と南の山懐《やまふところ》へ、峠へ、南限へ、島へ。

――私は、描く。今や失われ幻となり、命なき借耕牛に魂を吹きこみ、再生させる。牛は彷らき、山越えし、あまりの辛さに咆哮《ほうこう》する。墨彩絵巻、絵画、紙芝居を創作し、携《たずさ》え、要請があれば、どこへでも。

さぬき平野に、五風十雨《ごふうじゅうう》の季《とき》が過ぎ、今年も豊年万作の兆《きざ》し……有り難いことよ。

「もみじ浄土」F4号　2015.1
アクリル画
阿讃山中ー全山黄色一色朝霧が流れて借耕牛も牛追いもおぼろに形を失いカラーン・コローン鈴の音だけが響いて。

『こと比ら』第七四号掲載二〇一九年

未来に伝え、永遠に残したい

個展「カリコと少女」

琴平町立ギャラリー「ACT《アクト》ことひら」での一ヶ月間

はじめて「カ・リ・コ・ウ・シ」の存在をきかされた時、不思議で夢のある話でした――

香川で生まれ育ち、東京で学び、地元で五十年弱、デザイン教育に関《かか》わった。〝香川の発展は優れた若いデザイナーの養成から〟との、当時の知事、金子正則氏のお声がかりだった。行政や企業、地場産業の要請にも応え、産業デザインの参画に――携わった。

そんなデザイン活動の最中、「カリコウシの絵を描いて。キミなら出来る」「？・？」「日本全国で待ってる人が居る」と、知人に背後から囁かれたのが三十年前だ。

デザイナーの悲しい習性、請われれば即反応する。「自分で調べまいよ」「エ？・」これは仕事の依頼ではない、私への提案かと気付いた。永いデザイナーとしての業務以外の、ライフ・ワークともなるテーマなのか……？

調べ始めるとすぐ、カリコウシの存在に取り込まれていた。知人の思わく、大当り。

高校時代から美大進学、今の今も、明けても暮れてもデザイン一筋。その慣れ親しんだ業務以外に、突然この〝知られざる借耕牛の世界〟香川の史実を突きつけられた時の驚き――

自宅兼工房の南方に、常に在《あ》る讃岐のやまなみ、阿讃山脈から、眩《まば》ゆい一条の光線が私の心臓を射ち抜いてきたのでした。

こじんまりまとまった箱庭的な、盆栽のような郷土、香川。そこにあの山の向こう、隣県《りんけん》、徳島との県境をまたいだ牛の往還《おうかん》があったとは。二五〇年間も続き、多い時は一万頭がほとんど同時に山越えしたとな！

（想像するだに、恐しい。）

阿讃の山なみ、東西九五キロメートル　巾最大十九キロメートル、両県を分ける屏風のような、又、香川にとっては風雨を遮《さえ》ぎるバックボーンのような有難い存在の山脈。その東から西迄の主なる八つの峠で繰り広げられた牛たちの大パノラマ。

かつて誰一人として、俯瞰《ふかん》して見たことのない、光景。

あの世界の**クロサワ**……映画の巨匠、黒澤明監督が存命ならば、狂喜して映画化するであろう、牛たちの壮絶な阿讃越え。

両県の需要が一致し、自然発生した江戸初期から、徐々にその頭数を増した。〝米〟への強い執着が、深い山中のけもの道を道路に格上げさせた。数百頭を引きつれた馬喰や牛追人が定期的に往還するようになる。

コンピューター付ブルドーザーといわれ、当時東北に高速道路をひき、新幹線を走らせたあの元首相、田中角栄をして**『道路は文化だ』**と云わしめた道――

カリコ道は阿波と讃岐を結ぶ重要な陸路となり、牛は文化も背負《しょっ》ってきた。江戸時代、通交する人々を取り締る「口《くち》番所」

作品名「望郷」
山越えする借耕牛（アクリル画）４号

讃岐の農民と共に励む阿波の借耕牛

（関所）に伝わる往来《おうらい》手形《てがた》や記録から、どこからきて、どんな用件で行き交《か》ったかが分かる。行商人、四国遍路やこんぴらへの参《さん》詣《けい》、巡礼や修験道《しゅげんどう》そして借耕牛で大儲《もう》けした大馬喰《だいばくろう》、中馬喰、小馬喰、若衆《わかいし》、百姓を引きつれた御一行。峠は宿場《しゅくば》を形成、歓楽街的賑わいをみせ、人や文化の交流を促した。

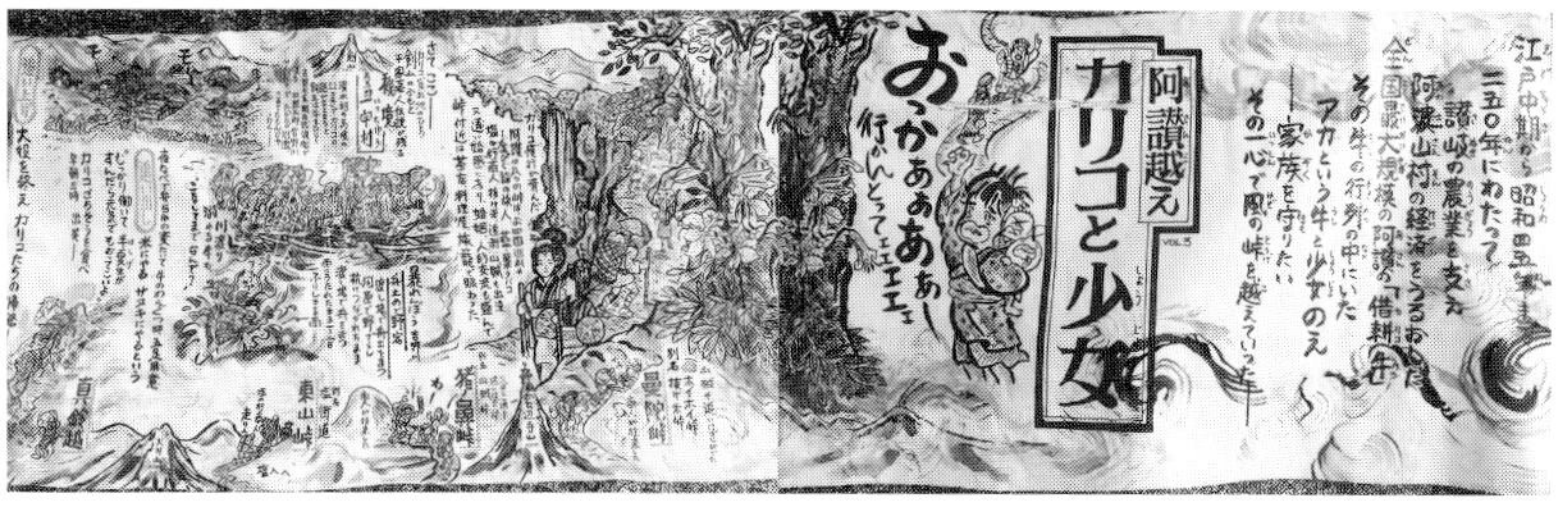

「カリコと少女」カリコをテーマに初めて描いた絵巻物の一部

赤貧洗うがごとき水のみ百姓の多くが、年具の重みに耐えかねて、田畑を捨て逃散《ちょうさん》（夜逃げ）し罰せられた時代。過酷な労仂を援《たす》け農民にヤル気を起こさせ、定着させたのが借耕牛。

〝日本一美《お》味《い》しい讃岐米〟を全国に広め、基幹産業の筆頭である『農業』を底支えさせた。そこに『牛』の大いなる存在があった。

そんな歴史を——ナゼ知らなかったのだろう。誰もナゼ、伝えなかったのだろう。『**カリコ慣習**』という、郷土讃岐の史実。貴重で価値ある、魅力的なこの遺産。

かつて、大学の教授が学生を動員し、阿讃の峠で採集した記録、論文が残されている。が、研究者たちも舌《した》を巻く難解かつ、数字の集積。

それを誰でもが分かりやすい、絵巻物や紙芝居、絵本ならどうだ。絵と文、ことばで。絵画《タブロー》やイラストならば……と。

学者や研究者、文芸作家を魅了するに止《とど》まらず、県民の共感が得られ、新たな独自の郷土への愛情が生まれたら、強い絆が得られるのではないか。

未来に伝え、永遠に残したい、大事なだいじな香川の史実、カリコ物語——

こうした私の活動を本誌〝こと比ら七十二号・七十三号〟に執筆。写真入りで掲載されているので、ぜひ再読されたい。

平成二十七年三月。

琴平町立ギャラリー「ACT《アクト》ことひら」で、一ヶ月にわたる個展のチャンスを得た。

JR琴平駅から徒歩四分。新町商店街東詰め、旧百十四銀行のレトロな建物をそのままに、会場ロビーは団体展には格好の立地と広さを具えている。

高松の工房兼オフィスから、軽トラック数台分の作品をもちこんだ。これまでのカリコ制作の総決算として会場を埋めた。

「ACTことひら」の個展会場受付
“いらっしゃいませ！”可愛いBoyもお出迎え！

やってみて驚いた。それまでの私の中での〝琴平《ことひら》・こんぴら〟のイメージが覆《くつがえ》された。

——参拝、大芝居、全国からの団体観光客、海の神さま——も凄いが、それだけじゃナイ。

個展会場へ高松から毎日「琴平詣で」して、思いがけない、この〝地の利〟に気付く。

新聞やメディアで大々的に『借耕牛　個展・紙芝居』の記事が告知されると、西から東から香川全域から多くの人を参集させた。香川の中心・ヘソにあたる好立地に助けられた。

郷土史家、民俗、文化芸術、文芸、出版、報道、里山探訪、写真家・語り部の皆さん。

そして〝借耕牛《かりこうし》〟と苦楽を共にして農耕した在郷《ざいご》のお百姓さん!!馬喰・仲介人。ま近で見聞きし、家族同様世話をしたという体験者の多さ。**——カリコウシ——**という言葉がもつ圧倒的な力《チカラ》——カリコに関わった人をして、死ぬまで忘れさせない、強い磁力《じりょく》を持っていることをまざまざと見せつけられることになった。

朝一番、駆けつけてきて会場一覧するなり受付にうつ伏して嗚咽《おえつ》するご婦人。「亡き母が……戦時中、舅《しゅうと》・夫は召集。母が借耕牛の横ガセを引くや牛に見抜《みぬ》かれ侮《あなど》られ、動かん。棒で叩《たた》いたら後足で蹴《け》られ死にそうになった。牛を使うのはあきらめて鍬《くわ》で土を起こすも固く、背中の火を吹くような熱さに、田んぼのまん中で泣いた。「娘二人は絶対、町の商売人に嫁《とつ》がさねば」と決心したという。

又ある日、カリコ絵巻きを前に、小刻みに震《ふる》えているお年寄りがいる。具合でも悪いのかと覗《のぞ》くと、顔を覆《おお》って会場の奥のコーナーへ逃げこみ動かない。小さな背中を摩《さす》っていると「カリコ使うた時分のことが蘇《よみが》って……あん時《とき》の……」と只々《ただただ》手で顔を覆《おお》って縮《ちぢ》こまって泣いた。私は言葉を失い、木偶《でく》の坊《ぼう》のように立ちすくむばかり……

又ある日、見終わって帰りかけた背の高いひょろっとした老人、フト足を止めて私に囁やく。「あのなぁ、子ども時分、財田《さいた》の家の前を、牛が帰って行くんやが、モーモーとは啼《な》かん。」「エ?」「呻《うめ》く、喘《あえ》ぐ……声にならん哭《な》き声……今もワシの耳に貼《は》りついとんや、ずうっと今も聞こえとんのや」「エ〜!ハアハアとか?ヒィーヒィー……?」彼は私の理解不足に絶望したような目をし、首を振って否定し、フラフラと立ち去っていった。

幼子《おさなご》の耳に、六十余年消え去ることのない、音の痕跡《こんせき》を刻《きざ》みつけるは……どんな使われ方をしたら、そのような牛の帰還《きかん》になるというのだ。

又ある人は、「もう、時効《じこう》やけん、云うけどの……一軒が借耕牛貸りたら、三軒が使い廻すのや。一ヶ月契約で一軒分の賃料やのにのぉ。牛は休む間も寝る間もなく仂かされて、水飲む力も、食べる元気もなくなる。牛小屋がないから、畦《あぜ》の杭《くい》につながれて、夜露に濡れ、風雨に晒《さら》されたまま毎日田んぼへ出される。フラフラして「仕事にならん!」と木の棒で殴られる。気の強い牛は歯向かい、暴れた揚句《あげく》、人が突き殺されたことも。「大人しい牛の人殺し」——人々は絶句し、後々まで語りぐさになった。

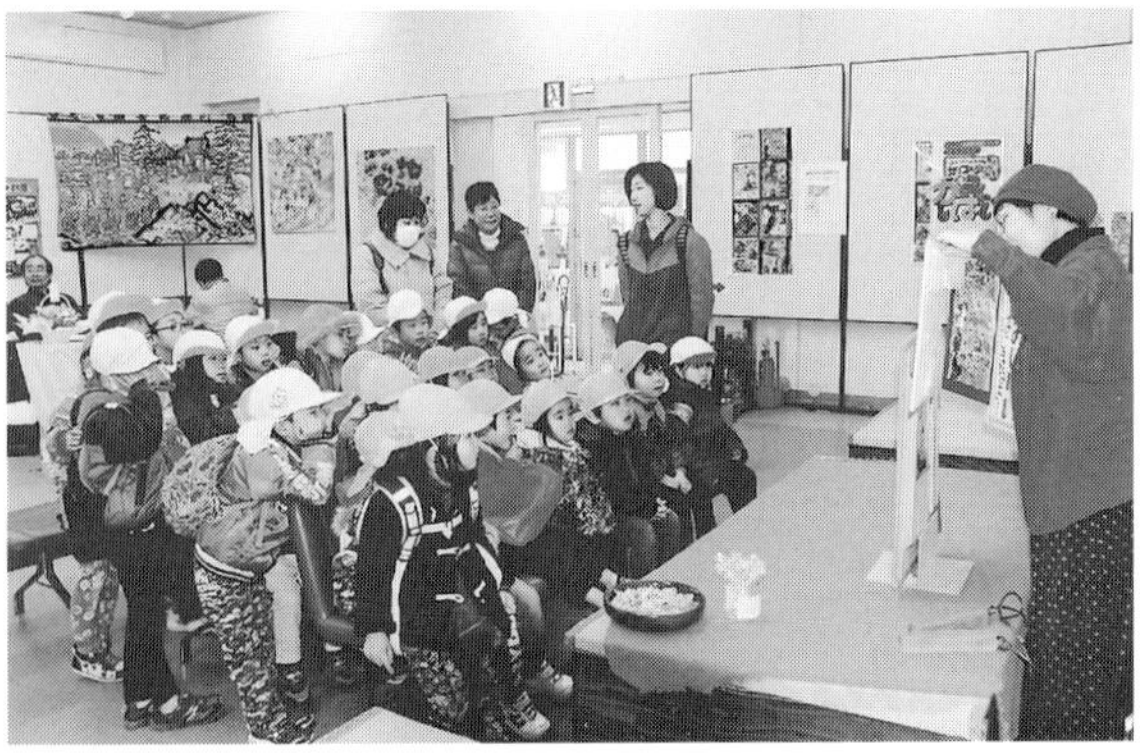

人気のあった紙芝居　今日は保育園生がご来場

気の弱い牛は息も絶え絶え、四苦八苦し手足をあがき、身をもがき、倒れて動かなくなった。これを『廻《まわ》し使《づか》い』という。激しい労仂に従事させられるので、人使いの荒いことを阿波では「米取り牛のように人をこき使う」といった。阿波では〝借《かり》耕牛《こうし》〟というのは蔑称《べっしょう》で、「米取《こめと》り牛」「米牛《こめうし》」と云う。「死んでも、廻《まわ》し使《づか》いされるカリコだけには、生まれ変わりたくない」と、阿波の百姓間でいわれている。休みなく三軒でこき使うのも、讃岐の百姓も貧しく、生きていくために必死だったのだ。帰路、痩せて帰る姿が「かわいそうだった」とは、多勢の讃岐人から聞いている。

楽しい事も多々あった。絵巻や紙芝居の主人公「アカと野《の》枝《え》」に連日通ってくるファンが――「ちいさいのに、家族を助けてよう働く。かわいいのう」「おいしいうどん食べさせたいわ」画面の顔をしきりに撫で、キャベツやキューリ、沢庵《たくあん》を差し入れてくる。

紙芝居は特に人気で、大人も幼な子も喜こんでくれた。

会場では「**借耕牛の唄**」がバックグラウンドミュージックとして一日中くり返し流れた。この曲は三十五年前、香川の唄として、地元高校教育関係者によって作詞・作曲された。かつて、全国の教育機関が地元オリジナルのテーマ・ソングを競ってリリースしたのだ。そのまま埋もれて忘却のかなたへ……忘れ去られているのを、探し出した。

会場へ、作曲し唄ったご夫妻を迎え紹介し、喜ばれた。

借耕牛の唄
作曲／岡本正先生（左はし）
唄／岡本正・由美子ご夫妻
（右から２人目）

借耕牛の唄CD表紙

作詞／溝淵利博（高松大学・学長）
作曲／岡本正・唄／岡本正・岡本由美子
編曲／大川かづゆき

「借耕牛《かりこうし》の唄」

一、借耕牛がやってくる　相栗峠《あいぐりとうげ》を越えてよ
　待ってたよ　よく来たな
　俺の家族も　楽しみにしてたぜ

二、借耕牛が働くよ　重い牛鍬《うしんが》を引いてよ
　辛かろう　もう少し
　俺も親父も助かる　野良仕事

三、借耕牛が帰ってく　相栗峠《あいぐりとうげ》を越えてよ
　淋しいな　また来いよ
　俺の伜《せがれ》も　行っちゃイヤだと泣く

哀調を帯びた優しいメロディは、借耕牛讃歌として来場者を包み込み、盛り上がった。

さて、会場の〝ACT《アクト》ことひら〟のすぐ南裏に『旧阿波街道』、沿道の町並みに『阿波町』があるというではないか。

金倉川に架《か》かる屋根付きの一《いち》の橋、鞘《さや》橋の東詰《ひがしづ》めを南に分岐《ぶんき》して、阿讃山脈へ分け入り、「三頭峠」を経《へ》て、阿波の吉野・貞光《さだみつ》に達するというのだ。

商店街の個展会場のすぐ南裏に、あの三頭峠へ向かう街道があるとは――

私は涙が出る程、嬉しかった。町の南端には、石造《いしづく》り大鳥居《おおとりい》があり、ここが阿波街道への出入口。高松から琴平へはいる時も、同じように石造り大鳥居をくぐっている。『阿波町』に足を踏み入れる。そこはよく

三頭峠の石造大鳥居
阿波側には「金毘羅大権現」と刻まれ、ことひらへの道標がある。阿讃交流の十字路。

山越えする借耕牛

見知った金毘羅《こんぴら》さんとは、まったく別の顔――、深閑《しんかん》として、黴臭漂《かびしゅうただよ》う、異界《いかい》だった。古くから、阿波からの人が住み着き、定住し、旅籠《はたご》、飲食、阿波茶葉屋、牛馬の轡《くつわ》や蹄鉄《ていてつ》を修理する金具屋などの商《あきな》いで賑わったという。今もその面影を残しつつ寂《さび》れ果て、江戸時代へ遡《さかのぼ》り、時が停止している。その阿波町に歩を進めてゆくと、個展会場に展示している絵巻きの一部が、ウワーッと立ち上がり、立体化された。その絵の中を、私は既視感《きしかん》をもって歩いて行った。

数百頭の借耕牛、馬喰、若衆《わかいし》、農民、商人がゾロゾロ往還《おうかん》し、その賑《にぎ》わい、喧騒《けんそう》の中で（ここに在ったか、これを私は探していた……）

そんな幻の光景の中で「この旧阿波街道を、このままズンズン歩いて歩いて南へ行こう。はぐれて逃げた借耕牛《カリコ》のように、阿波まで帰りたい。」「阿讃山中に入り込んで、昼なお暗く危険な急坂を、命を賭けてでも、あの三頭峠まで到達したい。どんな景色が展開するか、この目にこの生身《なまみ》に、刻み、焼き付けたい。カリコの軀《からだ》の、汗吹く肌と擦《こす》れ合って越えて行きたい……と、棒立ちになってその想いに捉《とら》われていた。

琴平・繁華街のすぐ真裏《まうら》に、カリコの集散地はあった。牛たちは馬喰に値切めされ、讃岐平野に散らばっていく。琴平は香川のどまん中。一級河川土器川沿いに河原や土手を通って丸亀へ、坂出へ。善通寺、多度津、三豊方面の農家へ借し出されていく。私の夫は幼少の頃、土器川の土手を借耕牛《カリコ》が行くのを見ていたという。季節の風物詩として、周辺の住民に待たれ、喜こばれた。詩歌にも詠《よ》まれ、名歌が数多く残されている。

一ヶ月に及ぶ個展会期中、親しくなった人もでき、近辺を散策できた。琴平は戦争で焼けていないので、昔ながら路地から路地へと細道が網の目のように繋《つな》がり、しっとりと風情《ふぜい》ある古い大小の家が建てこんでいる。横丁に野菜の行商人の軽トラが……この地独特の、私の好きな古漬けや加工品、珍しい果物などに目が奪われる。一人暮らしの彼女の自宅アパートにもお邪魔し、観光琴平とは別の生活感を味わった。

おかげさまで個展も盛況のうちに無事に終了した。その時点では〝琴平〟とのご縁が、私の本業であるグラフィック・デザインの分野で、又続くことになろうとは、夢にも思わなかった。実は、平成三十一年、二〇

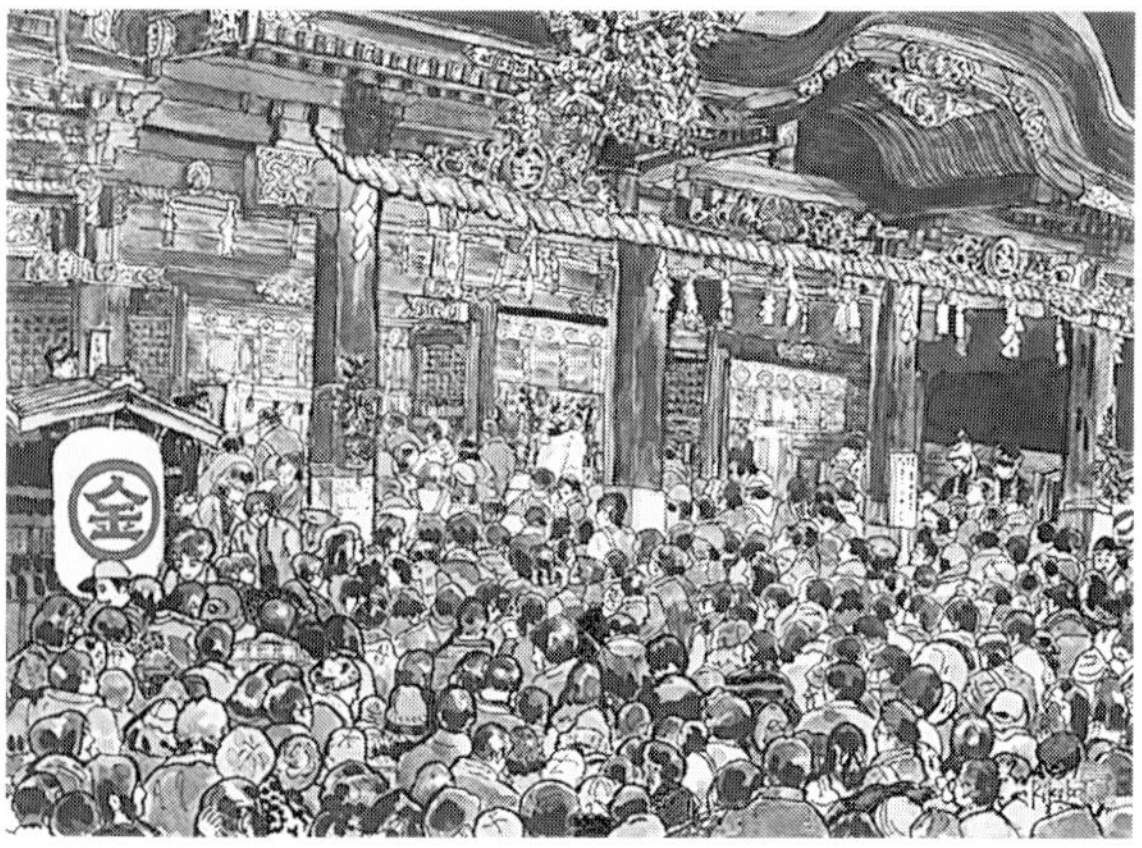

2019年版カレンダー　1月号歳旦祭イラスト制作

一九年版、さる企業の今年のカレンダーに私のイラストが採用された。その一月号に、『金刀比羅宮の歳旦祭《さいたんさい》、午前〇時、御本殿前のにぎわい』を描かせて頂いたのだ。

未熟者なのでお恥しい限りではあるが、心を尽めて描いた。香川の宝はいろいろあるが、全国に誇れる〝こんぴらさん〟を描けて本当に有難い。個展会場で出逢った在郷《ざいご》の多くの方たちにも、見て頂きたいものです。

最後に私の尊敬する香川県歌人協会「**関　貞美先生**」の、借耕牛の歌《一九七七年・この歌で荒木暢夫賞受賞》を紹介します。

戻《もど》りゆく借耕牛《かりこうし》と人と肌ふれてこの急坂をなずみ越えけむ

借耕牛糶《う》り糴《か》ふ人の集《つど》ふさま現《うつ》つに知らねば清きまぼろし

追捕《ついぶ》おそれ殊《こと》に険しきこの峠を選びて抜《ぬ》け米《まい》を運びたりとぞ

歌集『赤埴《あかはに》の道』より

作品名「LOVERS《ラバーズ》」（アクリル画）４号
生まれた時から２人はいっしょ。牛と人の強い絆

2021年　キリコ年賀状

『こと比ら』第七五号掲載二〇二〇年

阿讃《あさん》&借耕牛《カリコウシ》、わが愛〈3〉

—旧いよ・とさ街道の門戸『牛屋口峠』に立って

借耕牛《かりこうし》が渡ってきた阿讃のやまなみは、平均高度五百メートル余り。人も牛も容易に越えられ、江戸中期から昭和四十五年迄、多い時は八千五百頭が行き来した。

しかし、一歩間違えばとんでもなくリスキーなのが、阿讃の峠である。

夕闇迫まり、夜ともなれば地元の人でも、山中を一晩中抜け出せず、同じ所をグルグル、又は右往左往し、家に帰りつけない恐怖を味わうと聞いた。

借耕牛の往還《おうかん》が断たれて以来五十余年、私はまだ見ぬ借耕牛を追っている。阿讃山脈、主要な八つの峠。旧道は今や、道ともいえぬケモノ道である。鬱蒼《うっそう》たる樹林に覆《おお》われ、大蛇のような蔓《つる》、倒木が道を塞《ふさ》ぐ。大きな穴ぼこ、崖、猪やハブ、まむし除《よ》けに竹や枝を武器にし、草をなぎ倒しながら進む。

「十一月からは山への立ち入り禁止」と、阿波からの骨董商の男に注意されたが、しかし借耕牛はこの季節、讃岐で麦蒔《むぎまき》前の耕作にやってくる。借耕牛の移動の時期に、その現場に立ち合わねば知ることの出来ない経験や感じ方があるのだ。そうして風花の舞うこの季節、阿讃の峠に足を踏み入れるのだ。帰る時は土器川源流の谷川筋の岩道も凍てつき、牛の藁草履《わらぞうり》は裂《さ》け血が滲《にじ》んだだろう。

キラキラ氷華を撒《ま》き散《ち》らしながら、汗と排泄物のまじった吐く息はケモノの臭《にお》い。フォーンフォーンの喘《あえ》ぎ声、濡《ぬ》れた荒い毛に肩を寄せて併走する私は、満身創痍《まんしんそうい》も厭《いと》わない。

そんな現地調査の最中、地図上に『牛屋口』なる場所を発見！象頭山と愛宕《あたご》山の間の峠だ。

近辺に「伊予見峠」の名称もある。〝ピン！〟ときた。これは借耕牛往還の道だ！　友人も「そこは琴毘羅《こんぴら》芝居、金丸座の南、遊女墓《ゆうじょばか》の背後にある」と‼　ＯＨ！夢と冒険、浪漫の、借耕牛の匂いが昇《のぼ》り立《た》ってくるではないか——借耕牛は阿讃の峠からだけでなく、伊予からの可能性もでてきたぞ。記述には全然ナイ、スワツ！

阿讃山脈八ヶ所の峠以外の別ルートの存在か？　——

前調べでは、『牛屋口』ではなく「お使者口《ししゃぐち》」とあり、〝幕府のお目付役の巡見使《じゅんけんし》が通ったり、殿様の代理の参拝人が通ったので「お使者口《ししゃぐち》」と言われ、おししゃぐち〱〱……が訛《なま》って『牛屋口《うしやぐち》』になった〟とある。

歴史の中で〝借耕牛往還の慣習〟が伏せられ、隠微《いんび》されたことを私は知っている。

「巡見使」も「参拝代理のお使者」も、その口《くち》を通ったでしょう。金毘羅街道、いよ・とさ街道の門戸なのだから、それはそれは全国各地からの参拝者、巡礼や遍路《へんろ》、行商人、土佐からの脱藩者、髙杉晋作、それを追って坂本龍馬ご一行と、多種多用、雑多な賑《にぎ》わいだったことでしょう。しかし、それだけではなかったのだ。

借耕牛数百頭の長い列が続々と、それに伴《ともな》って牛馬を商う博労《ばくろう》の群れ、この『牛屋口』で大きな市、セリが開かれ金毘羅界隈《かいわい》を彩り、経済を潤おしたに違いない。

「お使者口」は建前《たてまえ》、『牛屋口』とは大きく違う。「上」と「下」、ピンからキリの身分上の差異があるのだ。訛《なま》っただけではそうはならん。

初秋の『牛屋口』に立った。

在所のうどん会社の先々代が私費で建立したという、「龍馬の像」がまず目につく。裾《すそ》を翻《ひるがえ》し勇んで歩く龍馬の前で「ハイ！ポーズ」格好の観光名所になっているらしいので私もパチリ。

その角《かど》を西に折れると百四十～五十基の並灯籠《ならびとうろう》がズラリ。その竿《さお》の銘文によると造立は寛永年間、北前船の船主《ふなぬし》や寄港地の金沢、新潟、青森等の寄進者名が。しかし圧倒的に多いのが土佐からの銘。入口を示す大鳥居は花崗岩の明神鳥居。予州宇摩郡野田村・賡木《つづき》孫兵衛個人の奉納によるものだった。代々庄屋をつとめた名家だという。脇を固める立派な高麗狛《こま》も「あ・うん」の呼吸で神域を守っている。

「牛屋口」出入口の大鳥居と左右の高麗狛

昭和六十年三月。香川県が「四国の道」として牛屋口に建てた案内板によると――

街道のはなし――牛屋口《うしやぐち》

――牛屋口とは、かわった名前ですね。一説によると、巡見使《じゅんけんし》（幕府のお目付）が通ったり、殿様のかわりにこんぴらさんに参詣《さんけい》する使者が通ったので「お使者口」といっていたとも伝えられています。

新しい国道がこんぴらの町なかを通り抜け、広い道が観音寺へ、伊予へと象頭《ぞうず》の山すそを西へ走り通じるまでこの牛屋口は栄えていました。観音寺や仁尾からの魚屋が朝早くから魚市を開いたり酒食を商う飲食店も、宿屋も、ここでそれぞれ栄えていました。

今はその面影《おもかげ》は全く失われ灯ろうなどの奉《ほう》納《のう》物など有形文化財、重文に指定され、静かな山あいの道が昔を物語っています。大正の終わりごろまでは、この灯ろうにも灯がともり、峠道を明るく照らしていたといわれます。――とある。

又、別の案内板によると――

金毘羅街道　旧伊予土佐街道

――この街道は、当時伊予（愛媛県）、土佐（高知県）と讃岐を結ぶ唯一の街道でした。

このため幕末には土佐藩からの脱藩者（坂本龍馬、中岡慎太郎他）が土佐街道をやってきて、牛屋口《うしやぐち》を越え、丸亀へ抜け京や上方へと出て行ったといわれています。

幕吏《ばくり》（幕府の役人）に追われた高杉晋作は日柳燕石《くさなぎえんせき》の庇護のもと古市麦秋《ふるいちばくしゅう》の案内で牛屋口を抜け、伊予国境（現在の三豊郡豊浜町箕《みの》浦《うら》に番所があった――この番所の建物も現在は屋島の四国村に移築され、保存されている。）のあたりをくぐりぬけ、川之江から舟で長州（今の山口県）に難をのがれたといわれています。――とある。

江戸時代中期の「牛屋口」

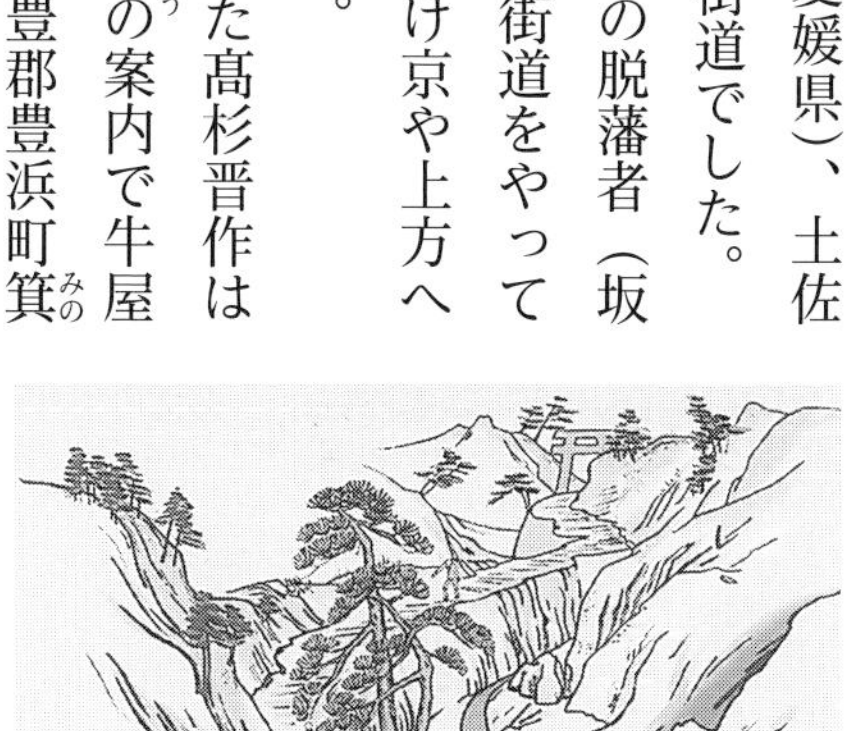

江戸時代後期の「牛屋口」

琴平市内から国道３７７号線を西に、佐文からうどん店を右に曲がりこんぴらさんの裏山に登るルートがあり、資成堂パーラー『神椿《かみつばき》』に出る。道のT字路の角に前述の「龍馬の像」がある。それを西へ曲がり、並灯籠《ならびとうろう》に沿って百メートル程下ると、牛屋口の大きな鳥居に出る。が、ほとんどの人はT字路を直進するのではなかろうか。シンと静もり返って、人っ子一人通らない。

　私が石柱や石竿《さお》に刻まれた寄進者名などをながめていると、大鳥居脇——の古民家の横で作業中の初老の男に出会い、話を聞くことができた。下地《しもち》敏照《としてる》氏（七十一歳）は、ひいばあさんが嫁入りしてから、姑に聞いたこのあたりの話を、幼い頃からよく聞いて育ったという。それによるとこの牛屋口は、伊予や土佐からの参拝客や商人の他、借耕牛や牛馬を商う博労の市が盛大に開かれていた。下地《しもち》家から三十メートル下った所の岡さんの家の周囲には〝チンチロリン〟といわれる〝ばくち場〟があったという。

　高杉晋作を庇護《ひご》した幕末の勤王家、日柳燕石《くさなぎえんせき》は侠客《きょうかく》で義侠・任侠を建前に賭博を渡世とした一面もあり、親分・子分の関係が千人以上いて、このような場を仕切っていたという。

　旅館、「塩飽屋」、「若狭屋《わかさや》金兵衛《きんべえ》保政《やすまさ》商店」「橘屋」等、活況を呈していた。飲食店からの大量の茶碗や皿を洗ったらしい〝洗い場〟と呼ばれる一角が残っている。並灯籠《ならびとうろう》の台座である石積みの始まりにコ《こ》の字型に凹《へこ》んだ一、三メートル位の空間がある。（写真）現在は雑草に覆《おお》われているが、そこを掘ると欠けた唐津の破片がいくらでも出土する。背後の山からチョロ〱水が流れて、格好《かっこう》の〝洗い場〟だったのでは。記念にとその数片を頂いた。時代考証が必要だ。

　門前町・赤橋の遊廓は、今もその面影を残している。〝酒食〟に〝ばくち〟とくると、〝遊女〟。身寄りのない者のあわれな末路、葬る場所があったはず。「谷川」へ出る道の辺にちいさなお不動さんがある。「谷川」の人たちがよく世話をし、盆には集まり「お座」するという。夏祭りのことで、ところ天を食べたりしたという。そこにはお地蔵さんが祀《まつ》られており、色気はないが、ひょっとしたら哀れな遊女の……又、旅の安全を……行者を守護する……不動明王と彼は語る。又、友人の話によれば琴毘羅芝居、金丸座の南裏に地域の墓地があり、その中の一角にある無縁墓がそうではないかとのこと。——必竟《ひっきょう》、「遊女の墓」の話になるとこのあたりの研究者は一様に口籠《くちごも》ってしまうが、彼はそうも囁いた。

　牛屋口の賑わいは明治中頃、愛宕《あたご》山麓を通る新伊予街道（国道３７７号線）ができてから、すっかり寂《さび》れてしまった。

　下地氏が小学生時代には昼なお暗き山道だった。葛のつるが至る所、十メートルの長さで垂れ下がり風が吹くと頭や手足に巻きついてきた。お化けか幽霊か、振りほどきながら恐怖の登下校だったという。

　鳥居を西に下る途中の仁尾街道との分岐点に、「お地蔵さん」と「いよ道」と彫られた道標があり、佐文に出る。ここで新伊予街道と合う。

よく世話をされたちいさなお不動さん

たまに歩き遍路の姿が……

旧道に残る灯籠・道標等を辿《たど》って行けば、戝田、山本、大野原を経て豊浜に。さらに国境を越えて伊予川之江、西条、松山へ行ける。

土佐へは、川之江から分岐し、半田、馬立、四国山地を越え、立川、川口、領石から高知に出られる。

「四国の道」案内板には、借耕牛や牛馬の行き来については一言も記されていない。

が、下地氏はひいばあさんの話から、「間違いない」と断言する。名は体《たい》を表わすという。『牛屋口』の名前は、当時の借耕牛がひしめき鳴き合う場所、牛馬の市や競《せ》りの活気を物語っているではないか。

国道ができたおかげで、「牛屋口」は、旧街道の面影を今に最もよくのこす場所となっている。並灯籠の台座には掘り出された当時の欠け茶碗が供物のように献上されている。その裏山の樹々の間に、旧道が見え隠れしつつ本宮へと続く。そこに振分け荷物姿の参拝者が列をつくって道を急ぐ姿が、彷彿《ほうふつ》として甦《よみがえ》る。

そんな『牛屋口』で、昔日の面影を求め、ボ～と妄想をふくらまして彷徨《さまよ》う私でした。

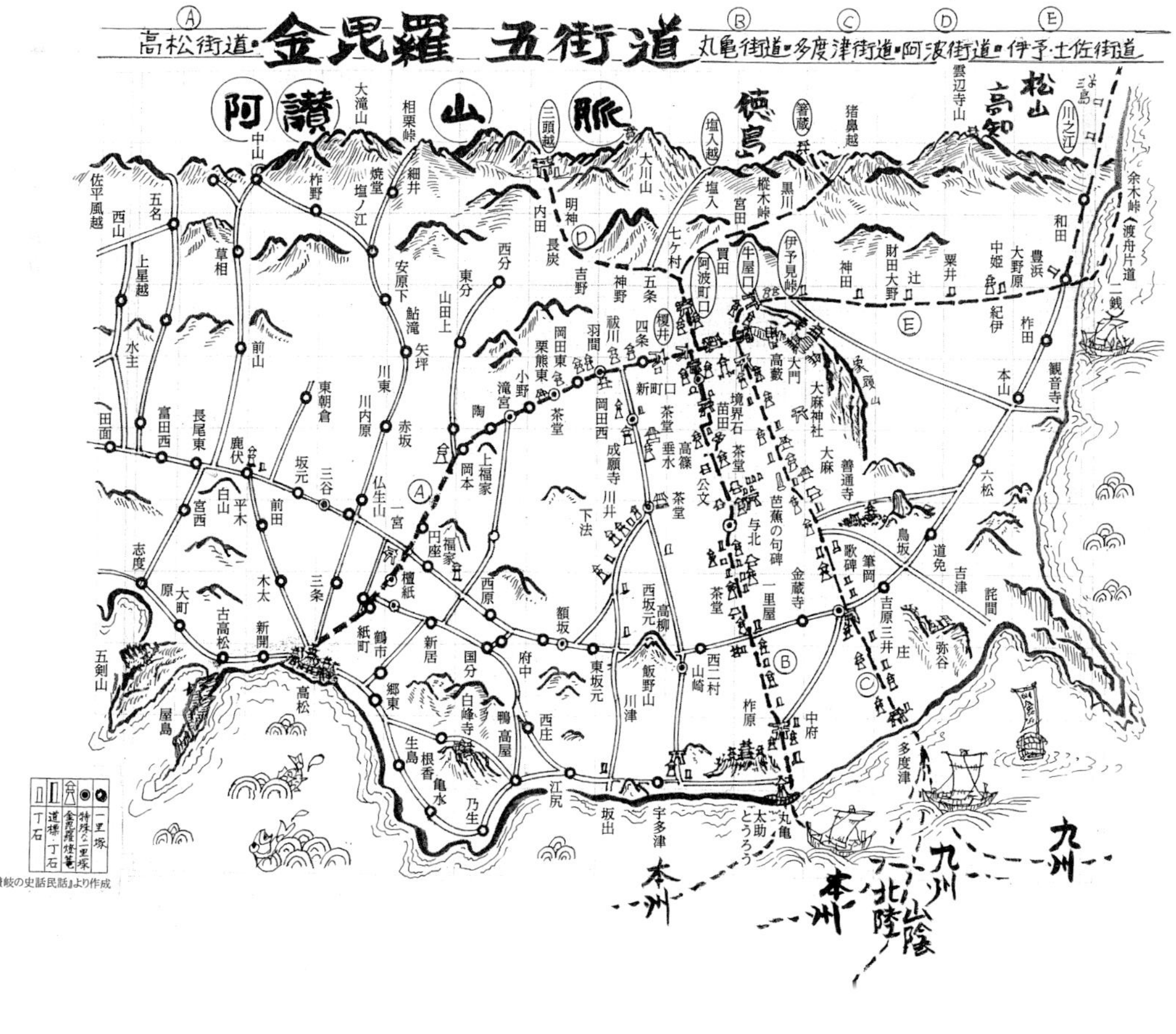

『讃岐の史話民話』より作成

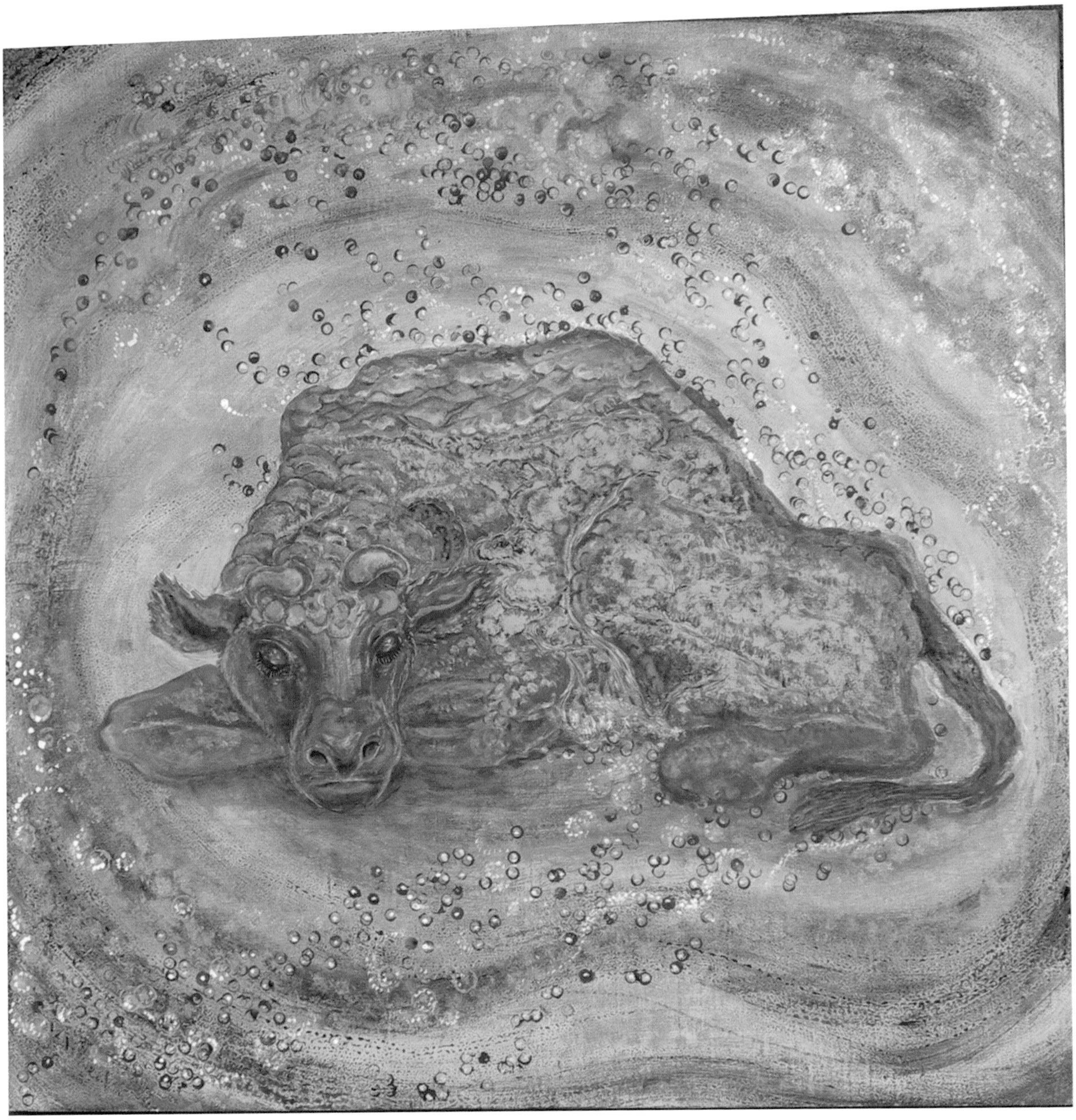

微睡（まどろみ）
2019年　冨田　紀久子
S30号　アクリル画

もう十二分に　この世での仕事はし尽くした
まどろんでいると　懐かしの阿讃の峠や
森を吹き渡る風が　カラダ中を縦横無尽に渦巻く
あ～　一気にふるさとの上空へ……宇宙へ……

『讃岐のやまなみ』第八号掲載二〇一六年

野呂内《のろち》地、曼陀《まんだ》峠

―阿讃の峠、借耕牛道《カリコみち》を往《い》く―

文書や記録、人伝えでなく、生の借耕牛《カリコ》を肌で感じたい……それは二〇一五年三月、琴平町立ギャラリー〝アクトことひら〟での『カリコと少女展』を終えた時の、私の願いだった。一ヶ月に及《およ》んだ借耕牛をテーマとした絵画展は、琴平という地の利もあって、香川全域から広く、〝借耕牛《カリコ》に想いをよせる人々〟を参集させた。

三十二年前、〝香川の唄〟として作詞作曲されたＣＤ版、「借耕牛の唄」をさがし出し、会場のＢ・Ｇ・Ｍとして終日流した。〝こんな唄が作られていたのか〟……と驚かれた。歌詞も曲もしみじみと人の心を打つものだった。「カリコと少女」の紙芝居、カリコ・トーク、墨彩絵巻《ぼくさいえまき》、絵画、エッセイ……二十五年間の研究、作品を一挙公開。一日一日、思わぬ泣き笑いのドラマが展開した一ヶ月間だった。

そして、カリコの世界をもっと……

四月、念願だった地に一歩、足を踏みいれることになった。

山桜の小さな花弁《かべん》が無数に舞い散り、フロントガラスに吹きつけられ、雨の飛礫《つぶて》と共に花模様を描く。阿讃山中は風と驟雨《しゅうう》の中にあった。目指すは借耕牛往還《おうかん》の最西端「曼陀峠《まんだとうげ》」なんと不思議な名前だろう――どんな由来からきているのか。阿讃の数ある峠の名称はいずれも私を魅了する。野呂内《のろち》地、猪ノ鼻《いのはな》、東山《ひがしやま》峠、二双越《にそうごえ》、真《ま》鈴《すず》、三頭《さんとう》、相栗《あいぐり》、清水《しみず》、境目《さかいめ》……その内でも「曼陀《まんだ》」とは。

よく目印になるこの表示板もしっかりして

財田《さいた》町から阿讃山脈を貫《つらぬ》く交通の大動脈、国道32号線。猪ノ鼻トンネルを越えると徳島県だ。すぐに西へ折れ、辷野から下野呂内《しものろち》、野呂内《のろち》谷《だに》、上野呂内《かみのろち》と龍王山《りゅうおうざん》の裾野《すその》を蛇行《だこう》して進む。手つかずの深い山中、じこをどう走っているのかもう分からない。天長五年（八二八）弘法大師がこの地に開創されたと伝えられる真言宗の古刹《こさつ》、雲辺寺《じ》の山麓を迂回《うかい》しているらしい。風雨の中を笠《かさ》と杖《つえ》を頼りに歩く遍路《へんろ》に出会う。聞くと、伊予の三角寺《さんかくじ》から早朝出立《しゅったつ》したと。〝同行二人〟お大師さまと歩んできたか。まさにこの道の辺《べ》を、一、二〇〇年前、空海は歩まれたのだ。借耕牛《カリコ》を追って行くと、空海の道に度々交わる。不思議だ。さてはこの道、カリコの道に続くにちがいない。

アレレ、舗装道に出て曼陀《まんだ》トンネルを抜けてしまう。が、ここも落石による道路工事中。脇道に戻り、昔の遍路道に入ると雨でゆるんだ土砂崩れ。草茫々《くさぼうぼう》で足元が見えない、倒木で進めない。車を置き堆積《たいせき》した病《わくら》葉《ば》に足をとられながら進む。迷い迷って何度も後戻りし「もう無理か」と思いかけた時、深い木立ちを背に、純白の立《た》て看板《かんばん》が堂々と、忽然《こつぜん》と、姿を現わした。

落石による工事中の曼陀トンネル

「コレだ」この深い山峡《さんきょう》の風雨に曝《さら》され三十年。汚れもせず毅然《きぜん》と建《た》っている。記載内容は曼陀《まんだ》峠の全てを言い尽くしている貴重な記録なので、全文をそのままここに記述しておきたい。

山を背にし遍路道の片わらにひっそりと

昔栄《さか》えた曼陀《まんだ》峠

ここは、標高約六〇〇メートルの曼陀《まんだ》峠です。昔、阿波と讃岐を結ぶ生活の道が、この峠を越えて南北に通じていました。又、東は四国霊場《れいじょう》六十六番札所雲辺寺《うんぺんじ》、西は六十五番札所三角寺《さんかくじ》に通じるへんろ道もちょうどこの峠を通っていました。

曼陀《まんだ》峠の曼陀《まんだ》は、曼茶羅《まんだら》の転訛《てんか》したもので、屋島の合戦《かっせん》後平家一門がこの地に落ち延《の》び、一族の供養《くよう》のための法要《ほうよう》、曼茶羅経《まんだらえ》を営《いとな》んだところから名付けられたものだと思われます。

江戸時代は※巡検道《じゅんけんどう》として使われ、また、第二次世界大戦までは、農耕用の牛を阿波から借り、農作業が終れば米や賃金を払《はら》って牛を阿波に帰《かえ》す、いわゆる借耕牛《かりこうし》の道として夏、秋に賑《にぎ》わったところです。

昭和六十三年三月　香川県

※方々《ほうぼう》を見まわって調査する道

驚くことに鮮明なイラスト付きで、この絵が実に面白い。外国人のマネキンのように色白の整ったイケメンの若者が、昔ながらの牛追い百姓のいでたち。米俵を二俵積んだ牛を引き、山坂道を帰っていく。遠くに山々がかすみ、銭湯のタイル画のようにリアルに描かれている。四国の道のシンボルマークもはいった立派なものである。このすぐ脇に、雑木に覆《おお》われた細い道が下っている。太い丸太が通せんぼし、厚く堆積《たいせき》した落葉が驟雨《しゅうう》で濡《ぬ》れそぼち、危《あや》うい。

保存状態の良好な曼陀峠の看板

踏み込むと突然、〝フッ～～〟荒い息遣《いきづか》いが耳を襲った。冷気を裂き、震わせ、悲鳴とも啜《すす》り泣きともつかぬ、表わしようのない聞いたとのない喘《あえ》ぎ声……〝フ、フォ～～～〟高く低く尾を引き、響《ひび》き谺《こだま》する。鼻腔《びこう》からか、ぬめっと鈍《にぶ》い光が流れ、口角《こうかく》から泡を吹き、涎《よだれ》の糸が尾を引いて生臭い臭気が鼻を突く。黒く猛々《たけだけ》しい巨体が揺れ、私の身体に押しつけられる。頬《ほお》に、堅くザラついた獣《けもの》の筋肉と毛が擦《こす》りつけられた……熱く湿っている。〈お――恐ろしい……恐ろしい……イヤだイヤだ〈オェーッ〉私は叫びを呑み込み穢《え》づき、しかし、足は張り付いて動かない。

曼陀峠、雨中――　荒廃した木《こ》の下闇《したやみ》、借耕牛《カリコ》道《みち》。湯気あげて怒《いか》り、嘆き悲しみ、苦痛に吼《ほ》える幻の借耕《カリ》牛《コ》。その軀《からだ》の傍《かたわら》で、私はひとりいつまでも共に在った。

〝カラーンカラーン、カラーン〟牛の鈴が、〝ボー、ボー〟牛追いのかけ声が、濃霧の中で遠く近く響いていた。

下野呂内《しものろち》、野呂内谷《のろちだに》、上野呂内《かみのろち》の深い山中。そして曼陀峠、かつてここを借耕牛《カリコ》と山人《やまびと》が、二五〇年間にわたって、身を摺《す》り合わすようにして、越えて行ったのだ。

この今の時代にも、借耕牛《カリコ》の往還《おうかん》した山中の峠道が実在するのは奇跡のようである。

遅い春の山の冷気にしっぽりと包まれ、阿讃越えの数百頭の借耕牛《カリコ》の、遠く近くに谺《こだま》する啼き声、鈴の音。その景観がすでにことごとく滅んだことを思う。

カリコの世界へ、もっと分け入りたい。カリコの痛みや苦しみ、又愉《よろこ》びをこの身に受けて、自分を失うまでに一体化したい。

そこから創造されるもの、それを次の時代に繋《つな》ぎたい。そうでなければ、このまま風化し、カリコは浮かばれない。

私が本当に「カリコが分かる」日はくるのだろうか。そんな疑念を残しながら、阿讃山脈最西端、曼陀《まんだ》峠を後にした。カリコが喘《あえ》いだその季節、その峠を尋《たず》ね、カリコの心や軀《からだ》に起こったこと、そこでの真実を感じ取りたい。

次に、阿讃交流の十字路、三頭《さんとう》峠での私の体験を読んで頂きたいと思います。

左奥の細道がカリコ道

荒れはてたカリコ道

琴平町立ギャラリーATCことひらでの個展中、
幼稚園児に紙芝居を　2015.3

徳島県一宇《いっちゅう》村での聞き取り調査　2015. 6.22

情報 HOT LINE

カリコと少女

女子美術大学同窓会香川支部メンバー（澁江久美支部長）による、第５回作品展「ヴィーナスたちの１２年」が、12月上旬、高松市美術館１Ｆ市民ギャラリーにて開催された。

香川支部は今年で設立10年を迎え、２年ごとに作品展を開催。５回目となる今回は、25名の県出身ＯＢが絵画、切り絵、漆、ステンドグラス、写真ほかを出展した。

精力的な作品が多数展示されているなかで、スペースをとり目立ったのが、デザインオフィスを主宰する冨田紀久子さんが描いたイラスト絵巻「カリコと少女」である。

この作品は、阿波と讃岐の間の峠を、江戸時代から昭和45年まで二百五十年間にわたり往還した牛〝借耕牛（カリコ）〟の物語を、イラスト絵巻でもって紹介した力作である。

紀久子さんはこう語る。「昭和45年に２頭が阿波から阿讃山脈を越えて讃岐の地にきたのが最後のカリコです。今で言うとレンタル牛ですが、このカリコがあったから讃岐の農業は続けてこられた。もしこの習慣がなければ廃っていた。

残念なことは、このカリコの慣習が歴史の教科書にも、子どもの教科書にも紹介されなかったことです。行政はむしろ隠そうとしていました。

江戸時代に、極貧だった阿波の百姓は、讃岐からカリコの背中に積んで帰る１～２俵の米で生き繋いでいました。」

絵巻では、昭和初期に野枝と呼ばれる働き者の少女と牛が、讃岐の地で奮闘する姿を悲喜こもごも描いている。

「〝讃岐男に阿波女〟という言葉の由来は、このカリコから来ているし、讃岐には阿波の文化がたくさん入っている。」と語る紀久子さん。

「カリコの伝承はこのままだと忘れ去られてしまうだろう。だから私は絵巻というかたちで残そうと思った」。

全長５ｍ60㎝のこの絵巻は、自らのライフワークとして作り上げた。「カリコを知らない子ども達に絵巻を通して伝えていきたい」と意欲満々である。

2013年１月15日　香川経済レポート掲載

『讃岐のやまなみ』第八号掲載二〇一六年

借耕牛《カリコ》を追って

―神に護《まも》られ　越える三頭峠―

美大卒業後、新任地へ向かった時のことです。旧11号線を西へ走ると、そこに、「日本昔ばなし」の世界が広がっていた。讃岐平野にポコン……ポコン……おにぎり山～　なんと、のどかな……故郷《ふるさと》なのに、初《はじ》めて気づく――

〽坊や～よい子だねんねしな～今も昔もかわりなく～母のめぐみの　子守うた　遠い昔の　物語～　私はこのふるさとの地でデザイン教育をし、死ぬまで作品制作をして生きていくんだ。東京の刺激的生活に、終止符を打ったことでした。

それからウン十年――何の因果か、私は阿讃山脈の峠をうろついていた。

平均高度五〇〇メートル余りの高くない山脈ですが、東西一〇〇キロメートル、南北一五キロメートル。凹地《くぼ》に峠道が開《ひら》かれていて、古くから讃岐と阿波を結ぶ、大切な交易路《こうえきろ》として利用されていた。

私はこの峠道で、車が雪渓《せっけい》に取り残され夕暮れて、ＳＯＳ発進！ある時は凍《い》てついた峠道から、車

山越えのカリコ
貴重な写真

ごとダイビング！を、免《まぬが》れたり、最近では借耕牛道《カリコみち》で、我が美脚《びきゃく》（?、、生涯遺《のこ》る名誉《めいよ》の傷痕《キズアト》を賜《たま》わったり……エピソードには事欠かない。

これら峠のうち、特に私を魅了してやまないのが「三頭峠《さんとうとうげ》」。やっと辿《たど》り着いたこの峠。そこで見た、感じた、考えた事を記してみます。

前回記述の琴平・新町商店街〝ＡＣＴ《アクト》ことひら〟での「借耕牛《カリコ》と少女」個展中の情報です。

鞘橋《さやばし》（金倉川《かなくら》に架《か》かる屋根付《やねつき》の一《いち》の橋）の東詰《ひがしづめ》を、南に分岐する街道を「旧阿波街道《きゅうあわかいどう》」沿道の町並みを「阿波町《あわまち》」といった。古くから阿波人《あわびと》が住み着き、金具屋、茶葉屋《ちゃばや》、旅籠《はたご》、飲食などの商《あきな》いで賑《にぎ》わっていた。町の南端には石造大鳥居《いしづくりおおとりい》があり、ここが阿波街道の入口。表参道として阿讃山脈へ分け入り、「三頭峠」を経て、吉野・貞光《さだみつ》に到達するという。個展会場のすぐ南裏に、あの三頭峠へ向かう街道があるとは――　衝撃《しょうげき》でした。

「近世讃岐の道は、金毘羅《こんぴら》に集まる」といわれ、門前町から街道が放射状《しゃじょう》に伸びる。それぞれの行き先によって名前がつけられる。

すなわち、北に、丸亀街道と多度津街道、西に、伊予街道（いよ・とさ道）南に、阿波街道、東に高松街道――　これらを「金毘羅五街道《こんぴらごかいどう》」とよぶ。それぞれの入口と出口で、石造大鳥居が据《す》え付けられていると。

案内して頂き、阿波町、旧阿波街道の入口に立った。よく見知った金《こん》毘羅《ぴら》さんの、別の顔――そこは、深閑《しんかん》とした黴臭漂《かびしゅうただよ》う、異界《いかい》

讃岐の農家へついて
さあ、田んぼへ

だった。江戸時代へ遡《さかのぼ》り、時が停止している。その中に歩を進めてゆくと、ギャラリーに展示中の絵巻の一部が、ウワーッと立ち上がってきた。

おんひら〱
蝶も金毘羅参哉《こんぴらまいりかな》　一茶

江戸期、町は全国からの金毘《こんぴ》羅《ら》信仰《しんこう》の参詣客《さんぱいきゃく》であふれ返り、飲み、打つ、買うの一大レジャーセンターと化していた――物見遊山《ものみゆざん》の客、遊興娯楽《ゆうきょうごらく》の徒《と》、当《あ》たるも八卦《はっけ》の千両富《せんりょうとみ》くじ、千両役者の金毘羅大芝居《こんぴらおおしばい》、相撲《すもう》場所、遊郭《ゆうかく》――一方、弘法大師信仰・修験道《しゅげんどう》の四国八十八ヶ所巡礼《じゅんれい》も盛んになった。その遍路《へんろ》は、家も妻子も金も捨てて乞食《こじき》をしなければならなかった。その上、数百頭の借耕牛《カリコ》を引きつれた馬喰《ばくろう》、若衆《わかいし》、農民、商人が往還《おうかん》し、その賑《にぎ》わい、喧騒《けんそう》が私を包んでいた。

そんな幻の光景の中で「この旧阿波街道を、このままズンズン進んで行きたい、はぐれて逃げた借耕牛《カリコ》のように阿波まで帰りたい」「三頭峠で、どんな景色が展開するか、この目で見たい」と、切に願った。

個展終了後、かねてより不思議の念が晴れず、捜《さが》し求めていた〝乳房《ちぶさ》地蔵《じぞう》〟がその三頭峠に居るらしいとの情報を得た。

「三頭トンネル」はよく通過するが、「三頭峠」は旧道にはいり込まねばならないので、行き着けないでいた。阿讃山脈の尾根のどこから入るのか？いつも三好市まで出てしまう。仕方なく、安くて美味いステーキで有名なレストラン……「牛さんゴメンナサイ」◊牧場直営の牛肉を堪《たん》能《のう》……血となり肉となり丈夫に元気に、借耕牛《カリコ》研究に励みますゆえ――パン！パン！（神仏よ、お許し下されぃ）

そして再度アタック。四駆《よんく》で「三頭峠」を目指す。途中、ラッキー！セメント塗装工事中の職人さん、発見‼親方が「ああサルタヒコさんか」と一寸渋い顔をし？私の脳《のう》天《てん》から爪先《つまさき》迄ジロジロ……「あんた、無理やろ」「何の車乗っとんな」「四《よん》駆《く》か――ほーかぁ、行くんな」「真っすぐ行け、左に石柱が二本立っとる先《さ》き右折《うせつ》。山道直進、一台車置ける草地に止めて歩け。分岐点にきたら左に地蔵さんがある方へ」

〜あ・ありがとう〜

左手山《ひだりてやま》、右手崖《みぎてがけ》。狭い。先日の台風で折れた枝や竹が、目の前に突き出てくる。

「左やー左。左へ寄れー落ちるぞー左！」先の友人が叫《さけ》ぶ。「蝮《まむし》やハミ

“元気で又こいよー” 賃料の玄米袋や土産を背に愛する家族のもとへ、さあ戻ろう！

両神《りょうがみ》鳥《とり》居《い》石造大鳥居
（サヌキ側）
こちら側には「三頭大権現」と刻まれている。
むかって右、サルタヒコの命
左、アメノウズメの命の石像

三頭山頂上ふきん。尾根から一直線西へ三好市にでる。珍しい古い形の今でも使われているという火事を知らせる半鐘があった。地元の人に話をうかがう。
雲がかかっているが、その下には吉野川、美馬、脇町

（乳房地蔵）
天鈿女命《アメノウズメのミコト》
腹部に注目。
○瑞雲の衣

が出るぞー腹が黒・黄・赤の山かかしは猛毒や。トグロ巻いてシュシュッ鎌首もたげて向《むこ》うてくるー」『ア痛《いた》っ』尖《とが》った竹、折れた枝が襲いかかり、腕や脚を突いてきた。構《かま》わず、そのまま突っ切る。この道でえんかいの。死ぬんでないん?借耕牛《カリコ》も命懸《いのちが》けで通ったんや。焦って顔を上げると目の前が急に拓《ひら》けた。ヌーッと石造の大鳥居が立ちはだかった。

――「ココや!!」よく見ると手前の左右に一対の石像《せきぞう》が。古い資料で見つけて、何度も何度も見た乳房地蔵の写真。粗《あら》い粒子が黒く潰《つぶ》れて、見る影もない写真だったが、私にとってはヴィーナス～　その乳房地蔵さまが、眼前《がんぜん》に、両乳露《あら》わに御座《おわ》した。ア?立派な旅荷を捧《ささ》げ持った長身の男性神が――

二人の道祖神は相対して静かに佇《たたず》んでいる。よく見ると、男性の方は、残念ながら鼻は欠けているも、荒らぶる修験僧の天狗とおぼしき彫り深いご面相。「渋い!」一方の乳房地蔵、これまた古《いにしえ》代の美人顔なのか、丸顔でふっくら、長髪を後で束《たば》ねてサラリと流している。何度も大鳥居をくぐり、お二人の回りをぐるぐる観察し、ようやく確信したことがふたつ。「ご立派な夫婦だ」ってこと。同じ瑞雲《ずいうん》の衣《ころも》を腰に召している。瑞雲《ずいうん》とは、目出度《めでた》いことが起こる印《しるし》の雲、七色の祥雲《しょううん》の雲《くも》の文様《もんよう》だ。――ってことはお二人は高貴《こうき》なお方、その上夫婦。おまけに乳房地蔵はご懐妊《かいにん》だ。ふくらんだ腹を庇《かば》うように両手で抱《かか》え込んでいる。生殖《せいしょく》と豊穣《ほうじょう》、多産・安産の神か?その時点《じてん》では、お二人のなんたるかを知らず、妄想の限りを尽して叫び、狂喜乱舞して二神の周囲を駆け廻った。

香川県側には周辺案内図、〝南へ大川山・二双越、西へ県道（久保谷）一八五〇メートル、東へ林道を経て三頭神社〟の立て札。

南へも道が伸び「旧阿波街道」へ続く。借耕牛《カリコ》も往還《おうかん》したこの道、木《こ》漏《も》れ日がチラチラと模様《もよう》を描《えが》き、こなら蹄《ひづめ》が痛まず通れそうだ、いずれ私もと思う。

琴平の「旧阿波街道」入口の大鳥居の前で「ここからどう阿波へ続くのだろう、このまま行きたい」と願ったその地点が、まさにここ、山深き「三頭峠」の大鳥居、阿讃交流の交差点だった。

鳥居は刻まれた年号から安政《あんせい》四（一八五七）年のもの。鳥居は讃岐側に「三頭大権現《さんとうだいごんげん》」、阿波側に「金《こん》毘《ぴ》羅《ら》大権現《だいごんげん》」と刻まれた扁額《へんがく》を持つ。「両神鳥居《りょうがみとりい》」、「両参《りょうまい》りの鳥居」とも呼ばれ、全国的にも珍しいという。

香川県琴平町の金毘羅神宮《こんぴらじんぐう》へ、逆

三頭峠　香川側に立札

三頭峠、案内板の左から南へカリコ道が。
旧阿波街道入口

に徳島側の三頭神社へと、参拝者たちが行き交《か》ったことがよく分かる。

　この大鳥居の西側からは、木立ちの間を縫うように急な山道が、香川県側のまんのう久保谷《くぼたに》へ下っている。国道４３８号線沿「道の駅ことなみ」で、産地直売の野菜・漬物、かつては、阿波の草と借耕牛《カリコ》が育てた日本一おいしいといわれた讃岐米のおにぎりは格別。平賀源内ゆかりの源泉をひく温泉、「エピアみかど」で、ひとっ風呂浴びるも、山歩きの醍醐味《だいごみ》。乳白色《にゅうはくしょく》の湯は昔から村人の怪我《けが》の治療に使われ、その効能に目をつけた源内《げんない》さん。ビンに詰めてお江戸の博覧会に出品。サスガです。効果効能をイラストとコピー付〝散《ち》らし〟で宣伝。

〝広告ちらし・デザイナー〟の元祖である。〝エレキテル〟発明の他、借耕牛《カリコ》慣行の発生・発展にも一役買っていた。

　天保（一八三〇～）高松藩の製糖奨励《せいとうしょうれい》のため、阿波の山村農家から二男・三男の出稼《でかせ》ぎ人《にん》（借子《カリコ》）が出稼《でかせ》ぎ牛《うし》を連れてやってきた。（人と家畜の〝共稼《ともかせ》ぎ〟形態・夫婦共稼ぎの語源）増産のため、平賀源内設計『砂糖キビを締《し》める機能的システム機？・』が開発された。ご存知、教科書にも載ってるアレ。

　腕木《わんぼく》を牛に引かせ、円型の建物の中をグルグル回って、臼《うす》を回転させて砂糖キビを搾《と》る。この円型の砂糖締《さとうじ》め小屋《ごや》は珍しく、現在、屋島山麓の『四国村』に移築されて、見ることができる。

　内部の土壁《つちかべ》の曲面には、牛が回る時の胴の擦《こす》れた痕《あと》が深く抉《えぐ》られ、痛々しい。

　大名保護のもと、特産物〝讃岐三白《さぬきさんぱく》〟として、藩《はん》の財政を潤《うるお》すも、明治（一八七七）西洋からの安価な砂糖で衰退、稲作奨励政策《いなさくしょうれいせいさく》に転換《てんかん》した。

　人力に頼っていた讃岐の小作《こさく》が、この砂糖締め牛を借耕牛《カリコ》慣習《かんしゅう》に引き継ぎ、その合理性はまたたくまに西讃にまで拡《ひろ》がった。特にまんのう町、旧美合・真鈴、三頭、塩江相栗《あいぐり》を筆頭に、最盛期の昭和十五年、春秋で八、五〇〇〇頭が往還《おうかん》。両県にとってその経済効果、恩恵は計《はか》りしれない。

　さて、三頭山頂上の車道で通過した「三頭神社」。入口の注連縄柱《しめなわばしら》は目印《めじるし》にしただけで、そこから奥の道の神社は素通りしていた。が、実は、金毘羅《こんぴら》の奥《おく》の院《いん》的存在として、必ず参拝。幕末末期から明治にかけては三頭山にも門前町が営《いとな》まれ、宿屋、飲食店が立ち並び賑《にぎ》わったという。

　そういえば、三頭峠に茶店の敷石《しきいし》の跡《あと》が残っていた。参拝者のほか、時代は下るが善通寺にあった「陸軍第11師団《りくぐんだいじゅういちしだん》」に入隊する若者や、春秋、借耕牛《カリコウシ》が二五〇年間往還《おうかん》した。この慣習《かんしゅう》がこれだけ続いた理由《ワケ》のひとつに、世話役、馬喰《ばくろう》の存在が見逃《のが》せない。

　阿波山村の農家にとって、牛は大黒柱、財産であり、家族である。その牛の貸借《たいしゃく》は契約書なしの口約束、馬喰《ばくろう》の『顔《かお》』による信用貸しである。馬喰《ばくろう》は単なる牛の仲介人でない。〝牛〟に関する、借耕牛《カリコ》に関するスペシャリストだった。獣医であり、裁判官であり、忠告者《アドバイザー》・牛の魔除《まよ》け・シイレ《(しつけ)》・統率力《(リーダーシップ)》等を兼ね備えた〝人物〟だった。顧客《こきゃく》である農家の実状に詳しく、信用厚く、頼りにされている。

　その馬喰《ばくろう》が、遺憾《いかん》なく馬喰口《ばくろうぐち》を発揮し、「どうや、おまはんくの息子に、ええ嫁はんがおるんじゃが。阿波の娘はよう働くけんのお～」

「お前《まえ》んくの娘、なんぼや、ええ年頃や、べっぴんさんやし気立てがええ。讃岐へ嫁にやれや」

「讃岐の男は優《やさ》しいぞぉ。ここらにないピチピチの刺身や、日本一うまい白まんまが喰《く》えるぞーキレイなべべも着れるし仕事もそんなキツうない」と、まあこんな調子。両家に顔が利《き》くしで話はトントン拍子《びょうし》にまとまる。姉ちゃんが嫁《い》くと妹も。従姉妹《いとこ》も又従姉妹《またいとこ》も、隣《となり》家の娘も友人も……ｅｔｃ

馬喰《ばくろう》の仲人《なこうど》で〝讃岐男《さぬきおとこ》に阿波女《あわおんな》〟のカップルは、またたく間に讃岐を席巻《せっけん》。花嫁行列が峠の山坂に難儀しながらも、しずしずと越えていった――。聞いてごらんなさい、貴方の母親や婆ちゃん、親戚一党、近所のおばちゃん、食堂のご夫婦――実はそうかもよ～あんまり公《おおや》けにはせんけど……

こうして私のヴィーナス、乳房地蔵に会えたのだが、なぜ彼女は女の大事な乳房を露出しているのか。日本の女はたとえ授乳《じゅにゅう》中でも、慎《つつ》しみ深いものだが……。

調査すると驚愕《きょうがく》の事実が判明した。ナント彼女は〝天《あま》の岩戸《いわと》〟をセクシーダンスでこじあけて、ひきこもりの「天照大神《あまてらすおおみかみ》」を引張《ひっぱ》り出したあの女神だったのだ。

〈学研・グランド現代百科事典による〉

――日本神話の女神で巫女《みこ》の神格化と考えられている天鈿女命《あめのうずめのみこと》。古事記では天宇売女命《あめのうずめのみこと》。天照大神《あまてらすおおみかみ》が天《あま》の岩屋戸《いわやど》にこもった時、その前で、天《あま》の香山《かぐやま》の天の日影《ひかげ》を襷掛《たすきがけ》し、天の真折《ツルマサキ》を鬘《かずら》とし、天の香山《かぐやま》の小竹葉《こさは》を手にもって、肌もあらわにして舞い、そのため大神《おおみかみ》が再び現われたという。

また天孫降臨《てんそんこうりん》に際して、五神の一として従い、猿田彦神《さるたひこのかみ》を先導《せんどう》させ、さらに伊勢（三重県・伊勢神宮）に送った。この功《こう》で猿女君《さるめのきみ》の姓《かばね》をもらったといい、その後裔《こうえい》は猿女《さるめ》の名を称《しょう》して、宮廷《きゅうてい》の鎮魂祭《たましずめのまつり》の歌舞《かぶ》をつかさどったので、命《みこと》は神楽《かぐら》・伎芸《ぎげい》の祖神《おやがみ》として祭《まつ》られる。◇お多福（または阿亀《おかめ》）はこの神をモデルとしている。

猿田彦神《さるたひこのかみ》――日本神話で、天孫降臨《てんそんこうりん》の道先案内をつとめた神。▽天《あめ》の八衢《やちまた》にあって従う諸神《しょしん》を恐れさせたが、天鈿女命《あめのうずめのみこと》に説得されて道先案内に立った。『日本書紀』に（鼻の長さ二十一センチメートル、背二・一メートル（尺度換算・作者注釈）、口尻明《くちわきあか》き耀《て》り目は鏡《かがみ》の如《ごと》く、又真赤に照り輝やいて天狗《てんぐ》のような姿の神とされている。のち、道祖神《どうそしん》と結びつけられた。

猿田彦の神
鼻がもげているが、
天狗の顔
修験道者の身なり
◯瑞雲の衣がくっきり

伊勢神宮二十年遷宮《せんぐう》に参拝した折、隣りにサルタヒコを守る猿田彦《さるたひこ》神社があった。

一説にはサルタヒコの妻となったとされる、天宇売女命《あめのうずめのみこと》も、もしかしたらここに祀《まつ》られていたかもしれない。同じ美しい瑞雲《ずいうん》の衣を腰につけたペア・ルックといい、ふくらんだ腹部――彼女は猿女《さるめ》なる後継者を出産している。三頭峠で二人は向き合い、悠久《ゆうきゅう》の時を生きているようだ――しかし、なぜ、華々しくも高貴な二人が、山深いこの峠に鎮座《ちんざ》ましまされて、阿讃交流の旅人たちの道中安全を司《つかさど》っているのか？

当時、金毘羅権現《こんぴらごんげん》の鎮座《ちんざ》する象頭山《ぞうずざん》は、修験《しゅげん》の山。金毘羅《こんぴら》の神は「天狗《てんぐ》」と考えられていたようだ。修験道者《しゅげんどうじゃ》は天狗《てんぐ》の面を背負《せお》って廻国《かいこく》した。『日本書紀』にある猿田彦神《さるたひこのかみ》の顔は天狗《てんぐ》その

香川側
左手　旧阿波街道の入口
案内板、ベンチ

ものであり、風貌《ふうぼう》は修験道者《しゅげんどうじゃ》である。彼は「金毘羅《こんぴら》の神」なのだ。その証拠に、ある時期からこの場所の存在が公表されてこなかったという

――

立ち入り禁止か。神聖な場所として誰でもが出入《でいり》しにくいよう伏せおかれたのではないか。年月のわりには保存状態が良好。天狗の大事な鼻がへし折られた以外は――道理《どうり》で捜《さが》しても見つからなかったわけだ。

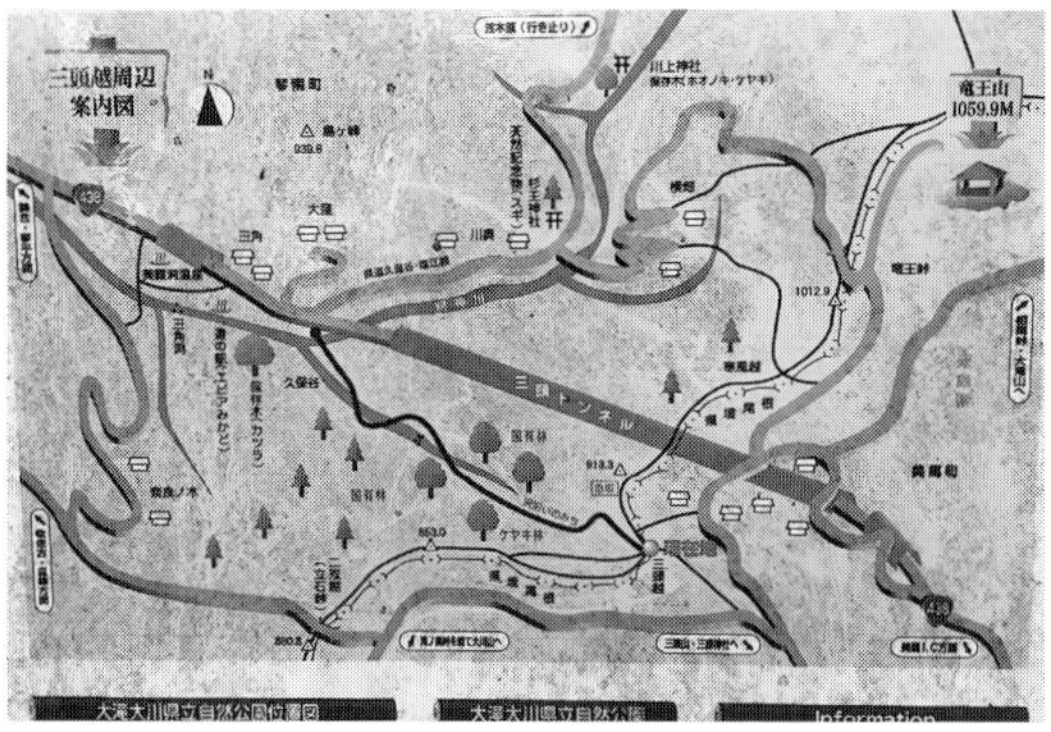

案内板

もっとも、サルタヒコさんが、〝金毘羅《こんぴら》の神〟だというのも私の解釈のひとつ。猿田彦神《さるたひこのかみ》・伊勢神宮《いせじんぐう》・金毘羅宮《こんぴらぐう》・三頭神社の関連性を探《さぐ》ってみたい。

三頭神社の名前のいわれについて、私は単純に、希望的観測でこう思っていたし、こうも聞いていた。牛追人《うしおいにん》が左右に牛を連れて山越えした。ふたつの牛の頭とひとつの人間の頭で、三頭。な―んて。また地元の人は、三頭山脈に三つの峰、瘤《こぶ》があるので三頭。じゃあ近くにある二双峠は？山の峰が二つ、対《つい》になってるのかな。綾歌郡綾川町の滝宮八幡《たきのみやはちまん》宮《ぐう》の境内《けいだい》は、借耕牛《カリコ》の集散地として有名だが、一頭の牛が逃げ出した。近隣の心地良い草地で飼われ、いつしか千頭に殖えたので、地名を〝千《せん》疋《びき》〟とした、と。地名、名称には歴史や謂《い》われがある。

三頭神社総代に連絡をとり「美馬町史」にその記述があり、ＦＡＸして頂けた。

以下、その内容を要約した。

所在地　美馬町字三頭山一〇番地

主祭神　十四神を祭り、その中に猿田彦命《さるたひこのみこと》を含む

この社の創立年代は分らないが、『阿波志』に「剣霊《けんれい》、山王《さんおう》、清瀧三《きよたきさん》祠《ほこら》あり源長清《みなもとのながきよ》置く」とあり、一説に三頭の名はこれに由来するといわれ、三頭神社は讃岐金刀比羅宮の前堂でもあった。（中略）

また猿田彦命と天鈿女《あめのうずめ》命の二石像が鳥居の両側に相対して峠の安全を見守る。「こんぴら大門へ七里、左は馬道」と明示した「世話人兵吉」の道しるべがある。また立見山にも鳥居があり、脇町方面から来る人はこの鳥居をくぐって、この峠に至った。

以前は旧暦七月二十六日は「二十六夜」といって月見踊りが毎年行われ、阿讃の若者が一夜を楽しんだ。

現在同社の祭りには、御輿《みこし》一台と毛槍《けやり》一組が出ている。

例祭は十月十七日、本殿・幣殿・拝殿・社務所があり、境内は六七七坪、氏子は二五〇戸。昔は例祭日には讃岐から多勢の参拝者があり盛大だった。奥社は俗に「青龍《せいりゅう》さん」といわれ、一岩上に三小祠《ほこら》を祀《まつ》り、雨乞いの神、お産の神として霊験《れいけん》あらたかであったという。以上が三頭神社（旧村社）の沿革です。

借耕牛道《カリコみち》を駆け抜けたあの三頭峠の林道で、私は左腕《うで》と左脚《あし》にかなりの負傷をしていた。ウズメちゃん（天宇売女命《あめのうずめのみこと》）会いたさと会えた喜びで、帰宅してから気づいたが入浴すると飛び上がらんばかり。

しかし私は十日間、放置していた。借耕牛《カリコ》はもっと負傷していたに違いない。人間の数倍の体軀《たいく》、生身《なまみ》で、枝や竹の攻撃から身を守る手段もなく、山道延々、数時間。満身創痍《まんしんそうい》、血を流しながら讃岐の農家へ。廻し使いの休む間のない労働が一ヶ月余。水も飲めない程衰弱。骨皮の背に米二俵。馬喰《ばくろう》の荒縄《あらなわ》に急《せ》かされ山坂道《やまさかみち》を。またもや枝・竹の攻撃か。往路《おうろ》の傷口は癒えていたか。復路《ふくろ》の傷でカサブタが剥《は》がれ二重・三重傷が深くなり痛むだろう。飼主が気づかないはずはない。私の調査でその

話はなかった。抜《ぬ》かっとったか。報告や記録にもない。「廻《まわ》し使《づか》い」の労働は過酷。峠で動けず〝首はねられた〟〝田んぼで動けず、棒で尻をたたかれ、皮がむけ赤くなった、出血した〟そんな時は、田んぼの畔の薬草――オオバコやヨモギを湯か水でもんで拭いてやった。阿波の農家では塩や味噌をすりこむとのことだった。牛の皮は厚く、容易なことでは傷つかず、往還時《おうかんじ》の負傷の話はなかった。現在は荒れたけもの道で、猪が穴を掘った危険箇所も放置されている。借耕牛《カリコ》が往還していた頃は人も往来し、それなりの交通量が常時あった。整備もされていて、牛も人も通りやすかった。借耕牛《カリコ》は家畜だが、野性のもつ自然治癒力《しぜんちゆりょく》が発揮《はっき》されたのだろうか。破傷風《はしょうふう》など致命的で死に至ることもあったに違いない。

　私の傷は思いのほか深く、紫色に腫《は》れ上がり化膿《かのう》して手に負えなくなった。ドクターは「いつの傷なんな、コレは。古い木はな、バイ菌の巣窟《そうくつ》で」消毒、抗生物質投与、通院。いつまでも痛みが尾を引き疵痕《きずあと》は一生遺《のこ》るだろう。――脚《あし》は女の命、昔はミニ・スカートを誇《ほこ》ったものだ。

　しかし今の私は、この苦痛は借耕牛《カリコ》に刻印《こくいん》された〝覚《おぼ》えておけ〟のしるし。

　風呂上《ふろあ》がりにはしみじみ見る。これは私への勲章《くんしょう》なのだと。「カリコを忘れず、カリコを伝えて」と、澄みきった深い目をして、囁《ささ》やいてくる。

自分の知力を
超えた
ところにある
現実に
遭遇してみたい。

阿讃山脈、峠越えの借耕牛
『望郷』絵：冨田紀久子

驟雨のイヴ　４部作 借耕牛の越える峠にて
2014年　冨田　紀久子
1,800×1,350

朝日新聞 平成28年9月20日　第3種郵便物認可

江戸中期～昭和 香川の農家支えた

「借耕牛」懸命 物語知って

江戸時代中期から昭和にかけて、香川の農家が農繁期に徳島の山間部から牛を借りた「借耕《かりこ》牛《うし》」の歴史を調べ、絵巻物と紙芝居にして伝えている女性がいる。高松市のデザイナー冨田紀久子さん(72)だ。

借耕牛と少女の物語を紙芝居で伝える冨田紀久子さん＝高松市太田上町

高松のデザイナー冨田さん 紙芝居・絵巻物制作

「大昔じゃなくて、ちょっと昔の話。お年寄りの人に聞いた、ほんまにあった話なんよ」。14日、ことでん太田駅前の「ふれあいさろん＆ギャラリー」で、地元の幼稚園児約20人を前に、冨田さんが借耕牛の紙芝居を披露した。

阿波の山あいに住む少女「のえ」と借耕牛アカの物語。家が貧しく12歳で紡績工場に出されそうになったのえがそれを拒み、借耕牛の群れに紛れて峠を越える。讃岐の農家で牛とともに身を粉にして働き、阿波の実家に米俵を持ち帰る。授乳中も働きに出され酷使されたアカは、峠で力尽き、苦しまないようにと首を切られ、谷に突き落とされる。

まんのう町と綾川町の境にある県道の「首切峠」の由来は諸説あるが、冨田さんは悲運な借耕牛にまつわる地名と考えている。

必死に生きる 現代へのエール

紙芝居の物語は、冨田さんが8年ほど前、徳島県三好市に住む女性から聞き取った実話をもとに描いた。女性は冨田さんと同い年。「遠い昔の話と感じていたのにショックだった。同時に、苦境を乗り越えて人生を切り開いた女性の行動力に、デザインの世界で頑張ってきた自分と似ている部分も感じた」

冨田さんは東京の女子美術大を卒業後、県内の高校の美術講師などとして働きつつ、デザイン事務所を設立。借耕牛の絵を描かないか、と知人から声をかけられた25年ほど前から、論文や町村史を調べたり、体験者を探して話を聞いたりしてきた。

冨田さんによると、借耕牛は草が多く牛を飼いやすい徳島から水田の多い香川への出稼ぎにあたる。農繁期の春と秋に、阿讃山脈の八つほどの峠を往復した牛は多い時で年8500頭もいたという。高松藩は年貢米や領民の食料を確保するため、米の流出を禁止しており、牛の借り賃を米で払っていた借耕牛は、役人の目を盗んで行われた時代もあったという。

「禁止の時代があったせいか、貧しい百姓同士の話で積極的に語ろうとする人がいなかったせいか、250年もの間、香川の農業を支えた制度なのに、あまりに知られていない」と冨田さんは残念がる。

紙芝居とほぼ同じ内容の絵巻物も彩色墨画で仕上げ、各地で個展を開いている。3月に講師の仕事を終えてからは、調査の旅や作品制作にも力を入れる。峠を越えながら怒り悲しむ借耕牛を描いたアクリル画「咆哮《ほうこう》する牛」は、今年の県展で入選した。

「今だって生きるために必死に働く人も多い。決して楽じゃない時代。なんとしても生き延びようとする借耕牛にまつわる物語は現代へのエール。ぜひ知ってほしい」と冨田さん。

ふれあいさろん＆ギャラリーでの作品展示は23日まで(22日は休み)。午前10時から午後3時。今後の個展などについては冨田さん(080・7950・3226)へ。

(多知川節子)

2016年９月20日　朝日新聞掲載

借耕牛《カリコ》、なぜ何故《なぜ》ものがたり

―二〇〇七年八月、盆の十四日 まだ見ぬカリコが私をよんだ―

この数年、行く先ざきで「借耕牛《カリコ》って、知ってる?」と聞いている。

地域差・年齢差・職業等で反応は違うが、およそ九九・七パーセントの香川県民が「ソレ、ナニ?外国語?」と応じてくる。

しかし、この〝讃岐のやまなみ〟読者なら、よく目にしているはず。多田豊美会長などは借耕牛体験者だし、過去には多くの執筆者が取り上げてきている。

私も創作紙芝居「カリコと少女」を始めとし、講演トーク、絵画個展・グループ展を開催、メディアにも掲載され、「カリコ」の知名度アップに努めてきた。それでもやっと、県民百万人のうち三千人位。それも「カ・リ・コ・ウシ」という名前だけは聞いたことがある程度だ。

なぜだろう。私自身二十五年前偶然知ったにすぎない。「借耕牛を描いてみない?あなたなら描ける」「エッ?なにそれ」やはりそこから始まった。「自分で調べまい」と突き放された。

なが年、香川に根を張って仕事してきたのに……『恥《はじ》』だと思った。

一人で調べ始めるとこれが手強い。

農業が機械化される以前の二百五十年間、阿波と讃岐の峠を往還し、江戸中期から昭和迄讃岐の「米作」を支えてきたと。

最盛期の昭和十年代には、春秋年間約一万頭が、阿讃山脈の幾つもの峠を命の危険を冒《おか》して、なかには激流吉野川を渡って来たという。

国立国会図書館保存の文書によれば、県をまたいで家畜を出稼《でかせ》ぎさせる慣習は、中国地方の「鞍下牛《くらしたうし》」、信州地方の「出稼作馬《でかせぎさくま》」、北陸地方の「手間馬《てまうま》」、福島県の「マヤウマ」など、よび名は異なるが、全国各地にあり、阿讃の「借耕牛」は全国最大規模であった。

それは、両県を隔《へだ》てる阿讃山脈が、低い屏風のような、東西百キロメートル、南北十五キロメートル、平均高度五百メートルという人と家畜が往還可能な道程だったことによる。

凹地に幾つもの峠道が開かれており、古《いにしえ》から重要な交易路として利用されていた。

商人も遍路も、参拝者も巡礼も、讃岐男に阿波女のカップル及び盛大な花嫁行列、その上数百頭の借耕牛を引きつれた馬喰・牛追いが往還し、宿場を形成する程の賑《にぎ》わいだった。

この峠道は険しいけれど、互いの〝米〟の需要と供給が合致して、借耕牛慣習は自然発生的に始まったものが慣習化されていった。

香川県と徳島県の県境、阿讃山脈の峠のひとつ、相栗峠の出口。この石段は旧道に続く。

旧相栗峠、讃岐側からの登り口

一宇の分かれ道。右へ行くと剣山へ

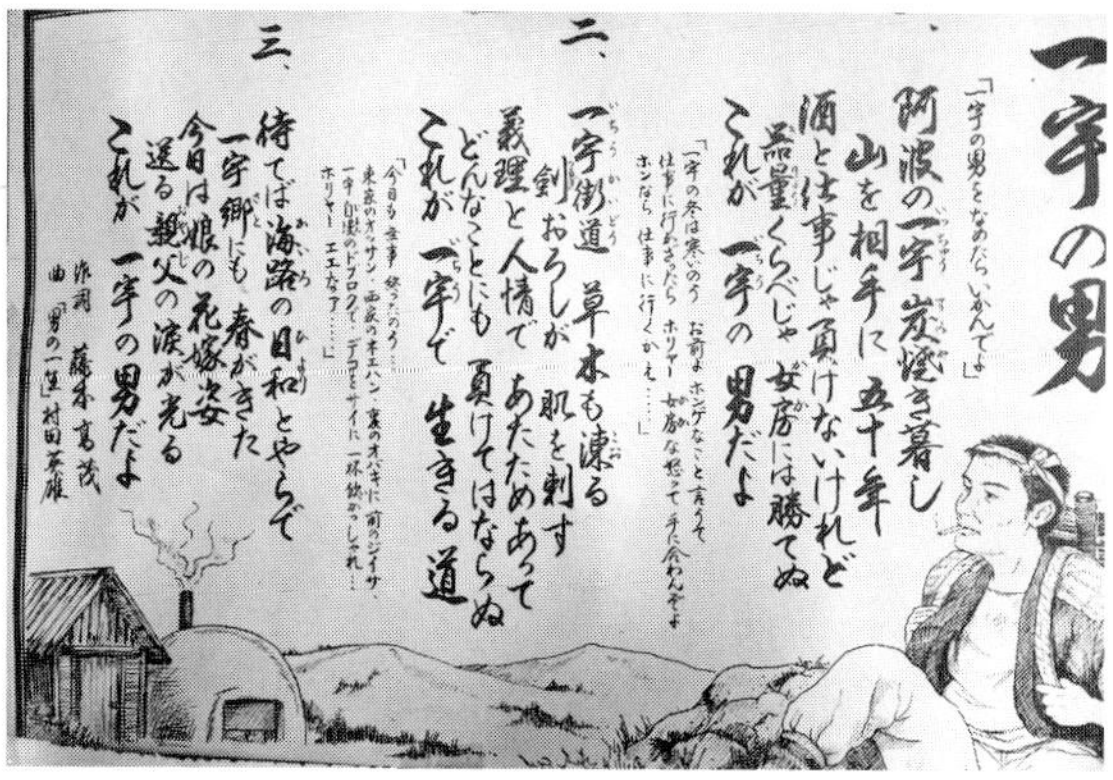

「一宇の男」唄の歌詞
一宇の生そば屋さんの壁に掛かっていた

残された文書や論文は難解であった。借耕牛の概要は理解できたが、絵は描けない。

まず、生身の借耕牛が見えてこない。峠を歩き、阿讃の南と北で現地取材をする。牛を貸した人。借りて使った人、その家族。山越えした牛追い、馬喰（博労）、集合場所の飲食店、宿場の店主。当時を知る人の生々しい話は「牛の残酷物語」だった。

その中でも、美馬郡一宇《いっちゅう》村は、貸出地の南の限界だ。相栗峠から脇町、吉野川を渡って貞光町から川沿いに南下する。つるぎ町を鳴滝《なるたき》や土《ど》釜《がま》を経由して一宇《いちう》峡《きょう》に入る。貞光川をはさんで一本道の東と西は巨樹王国。ゆき止まりは西日本第二位の剣山《つるぎさん》（一、九五五メートル）だ。

地学でいう「中央構造線」で四国山地の峻険さ、山高く、もっとも深く切れ込んだ谷……こんな地域からの借耕牛と牛追いの往還は過酷を極める。歩いてこられる『南限』だと思われた。

実際ここから、昭和十年の夏、一宇村史に二百二十頭の貸出しが記録

私が取材した83才一人ぐらしの“一宇の男”後方の霧でかすんだ山道を借耕牛が往還していたと教えてくれた

されている。

この一宇《いっちゅう》村で九十一歳の古老が、「香川県の世話人から牛の引き取り方の通知がくると、再び牛沓《うしぐつ》をたずさえて引き取りに行ったが、昼夜の別ない酷使に痩せこけて骨と皮ばかりになり、自分の牛がどれか判別がつかないときがあった。そんな時、賢い牛が自分の主人を見つけて、鼻面をさしつけてきた時には、思わず涙が出た」と語っている。又、八十三歳の老人は幼年時の思い出とし、自宅の庭から「ホラ、あそこの、貞光川の西側の山の中腹に、貞光町に出る旧道が通っている。そこの四〇軒の家から一頭ずつ借耕牛を出していた。父や兄が牛追いし、オレは見送っただけだが」「山の中腹とは――？」「今、霧がたち込めとるやろ、まっ白に――。」

「ばあちゃん市」
一宇の“女”
街道沿いで野菜やハチミツを
一人で商いしている

　貞光川から湧く霧がのぼって、山の中腹が白く煙《けむ》っている。そこを四〇頭の借耕牛が連れだって、牛追いと共に讃岐を目指していたのだという道の辺に、今はただ白い山ユリが群れていた。

　絵を描くということは、借耕牛の単なる皮相の、表面的な写生にとどまらず、自分を投入し、一体となり、胆の中に牛の喜怒哀楽が居座らねば……。

　本物を見たこともない『借耕牛が描けない』……私のこの壁をつき破る二つの出逢いがやってきたのはその直後だった。

　二〇〇七年八月十四日朝、まだ見ぬ借耕牛《カリコ》が私を呼んだ気がしたのは突然だった。塩江街道をひたすら南へ夫と共に走行。フト立ち寄ったG・S《ガソリンスタンド》に車を置き、山すその竹薮の中を目指す。三六・七度を記録した真夏日、一時間半、あきらめかけたその時、雑木林の奥にさがしていたものはポツネンと、ひっそりと、佇んでいた。丸い、そら豆形した淵の石の墓標。

　「昭和卅年　牛の墓　一月十七日」と大きく刻印されている。塩の江街道のこの時代の借耕牛の往還の多さから、飼牛でなく借耕牛の墓だと山の老婆が教えてくれた。ほの暗い中、涙のあふれた目にもはっきりと読みとれた。「逢えた」、七十年の時を超えて「借耕牛」の歴史を証明する〝実在〟。この腕で抱いた、抱きしめた。「逢いたかった」石なのに思いのほか軽く頼りなげで人肌の温もり……死んだ借耕牛の哀れさそのものだった。

　牛の墓を見つけた三年後、三好市で借耕牛を育て、十二歳から十年間牛追いして讃岐を往還し、家族六人を養った女性を取材した。父母が不在の山村農家で大黒柱として借耕牛《カリコ》で生計をたてたという。理不尽で困難な家庭環境下で〝家族を守りたい〟その一念で牛と共に峠を越えた女性。知恵と行動力で人生を切り開いた女性。最後に「失礼ながら、お年は?」イヤ、もしかして——。やっぱり私と同年齢だった。そんな——昔の苦労した時代の話を聞いているつもりが、私と同じ時代を生きた、同い年の〝同級生(?)〟だったとは——。

　阿讃山脈の南の山村で生まれた少女、片や北の市街地に生育した私。この借耕牛《カリコ》の話は〝他人《よそ》ごと〟ではなかった。〝自分自身だったかも——。〟つきつけられた課題に、私は頭を抱えた。

個展会場で
作品、右は第81回県展入選作「咆哮《ほうこう》する牛《カリコ》」S50洋画
左は峠で「乳しぼる女」

　それを悟ったある日、私は白い巻紙に向かった。五里霧中のカリコ絵話は、まだ、私の幻想の中に在った。ただそれは、ストーリーも下書きもナシで、巻頭1/3の所から筆をもつ手に任せて描き始められた。すべては筆まかせ、心中にあるものが形《カタチ》になっていく、途中で中断し、巻末ラストシーンから逆に追う。丁度まん中でストーリーがつながり、タイトルもデザインも自然の流

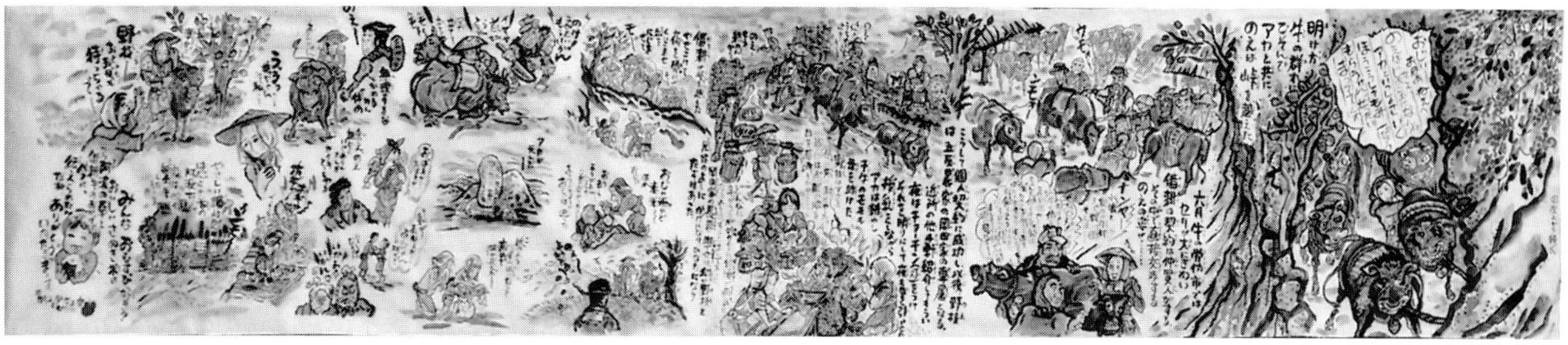

れで決まっていった。

あたかもトンネル工事の前と後から掘り進め、まん中でハッパをかけて山を貫通という具合に。――また、阿讃山脈を源流とする土器川が、讃岐平野を蛇行しながら一級河川として堂々と長い旅をし、果てに目的地瀬戸内海にそそがれるように……。

ひとはいう。なぜ〝峠を渡った家畜とヒト〟に、これほどの思いを寄せるのか――と。

なぜ？なぜと二十年間に蓄積した〝不思議〟が、せきをきったようにあふれ出す。

それはもう自分の力では止められず、筆は勝手に動き、絵物語を繰り広げる。

ある人はいう。それを、カリコへの愛だと。阿讃越えの、牛のつき果てる史実を、描き残しておけと。

――こうして「カリコと少女」の絵巻きはひとつのカタチになった。

絵巻きを通してみると「そうか、これやったんやな」と思える。借耕牛研究者たちの数少ない難解な調査記録・膨大な数字、残された文書の無効を示す黒太いバッテン。体験談や述懐談。風化し始めた史実。……追われるように、それらを拾い集め、ひとつの絵物語に紡ぎ出す。と、阿讃の青いやまなみを背に、牛と少女が立ち現れ、ゆっくりとこちらへ向かって歩き出す。

なぜか笑顔で「お母ちゃ～ん」と呼ぶ。展示をみる人々の胸のうちに蘇り、「そや、そや」「この通りや」「まちがいない」「ワシが使うたカリコや」「そっくりやな、姉さん」「涙がでる～」……これらのことばが、カリコと少女を今に現出させる。ゼツメツし、マッサツされ、歴史の闇の中に隠《かく》されたカリコと人を再生・復活させてくれる。

あの盆の八月十四日、『牛の墓』を見つけ出し、抱きしめて泣いた日から、すべては始まった。誰もいない急峻な風吹く峠道を、喘《あえ》ぎながら進む牛と人のドラマを、二百五十年間ただただ見続けていたのは、山の辺に群れ咲く白いユリだけだ。

たずねたい。「あなたが見たもの、聴いたこと　教えて」と。

〝阿讃県境　借耕牛《カリコ》の化身か　白ユリの咲く〟

紀久子

繁茂

借耕牛《かりこうし》を追って―

最後の馬喰《ばくろう》

仕事場の南の窓から、讃岐のやまなみが見える。ブルーの濃淡に霞む阿讃山脈だ。借耕牛はこの山の八つの峠を越えて、二百五十年間、讃岐と阿波を往還し讃岐の農業を支えた。この借耕牛の調査で、山の南と北を行く。獣道《けものみち》と化した旧借耕牛道を草をかきわけ、倒木を跨《また》ぎ、蝮《まむし》を撃ち払いながら進む。借耕牛追いや馬喰経験者を、自宅や老人ホーム、更に病院先へ尋ねて取材する。

そんな中で経験者本人に話を聞くことができた。ひとりは百歳の現役空手道場主の猪熊佳孝氏（香川民俗学会会報誌『香川の民俗・八十一号』二〇一九年に掲載）もうひとりは九十一歳の馬喰四代目、現在農業の三木　保氏だ。

今回『最後の馬喰』三木　保氏に辿《たど》りつく迄の経緯と、取材の過程、その一年後の顛末《てんまつ》はかつて経験したことのない劇的な展開の連続だった。『香川民俗学会』の先輩から借耕牛の調査なら府中の三木時雨郎《じゅうろう》氏は逃《はず》せないとアドバイスを受けた。三木氏は川柳「番傘」主幹で有名な馬喰だったそうだ。もう亡くなっているがさぬき「番傘」同人諸氏に問い合わせして尋ねるのが良いとのことだった。

三木時雨郎《じゅうろう》を追う

まず、図書館で三木時雨郎《じゅうろう》句集『大正挽歌《ばんか》』を見つける。

〝借耕牛〟の句が数多く掲載《けいさい》されていた。

島の牛荒《あれ》し枯野を帰りきて
ウイルスに弱い子牛の咳つづく
この傷は牛と格闘した傷さ
温泉の街行く牛の露まみれ

川柳界で名を成すと同時に、『三代目馬喰』として、馬喰自身が書き残した、唯一であろう文章を見つけた。貴重なので転載しご紹介したい。

ばくろう三代目

さぬき番傘元主幹　三　木　時雨郎《じゅうろう》

私の職名は正確にいうと「家畜商」である。この名は、お上《かみ》からいただいたもので、さほどむつかしい試験などはないが、講習を受けて都道府県知事の免許をもらうものである。

ところがこの正式な「家畜商」という呼び名に、私はどうしても馴染めない。やっぱり私は、江戸時代（或いはもっと昔）からの呼び名である「ばくろう」が好きである。

広辞苑によると、

ばく・郎【博労・伯楽】馬喰とも書く。伯楽（はくらく）から転じて、馬の善悪を鑑定する人。馬の病気をなおす人。また馬を売買、斡旋する人。

はくらく【伯楽】中国古代の、馬を鑑定することに巧みであったという人。よく馬の良否を見分ける者。また、馬医。転じて、人物を見抜く眼力のある人。↓ばくろう

となっている。この終わりのところがとてもいい。人物を見抜く眼力のある人、お前だってその仲間なんだぞといわれたら、天下のばくろうたちは概《おおむ》ね目を白黒させて気絶するかもしれない。

が、世上一般に使われるばくろうは、たいてい「馬喰」という字で表

現される。

　伊藤整の初期の作品にも「馬喰の果て」というのがあるし、三船敏郎、杉狂児らで映画になった中山正男のそれも「馬喰一代」であった。

　この「馬喰」という文字はしかし、いかにも印象が悪い。あたかもそれは、「川柳」という名前が、一般社会に正しく理解されないのとよく似ている。

　たぶん、「馬喰」と書くと、おおかたの人々は「馬を食べてしまう」というふうに解釈するに違いない。さらに転じて、馬喰にまかせておくと、うちの大事な馬っこを売ったお金を、酒や女にいれてしまって、とうとう手綱だけにされてしまった、なんて仕儀に相成るのではないかなどと憶測するかもしれない。

　しかし、当の馬喰たちは、まことに単純でお人よしで、底抜けに明るく情にもろい連中が極めて多い。不思議というより、むしろおもしろい世界である。

　馬がほとんどいなくなったこの世界で、いま主役をつとめているのは牛である。だからいまは、「馬喰」というより「牛喰」と書いた方が当たっているだろう。

　牛を扱うばくろうたちは、多かれ少なかれ牛が好きでこの商売をやっている。牛は同じ家畜仲間である豚や羊やにわとりなどと比べて、やはり王者の風格があると信じている。また事実その通りである。

　三代目ばくろうを忠実に守っている私も牛が好きである。数えてゆけばその理由はいくらでもあるが、一番好きなのは黒水晶のような瞳である。人間も含めて、あらゆる動物の中で断然他を引き離しているのは牛の瞳だと思う。そこには、「疑い」のいろが全くないのだ。平然と、むしろ悠然と断頭台に立つのも「疑い」がないからに外ならない。

　その牛も、このところ次第に生産頭数が落ちて来た。経済摩擦のなんのとややこしい問題が年中業界を揺さぶり、牛飼いたちのふところも楽じゃない。最盛期には、年間四、五千頭の商いをやった私の仕事も、今ではその十分の一くらいに減ってしまった。だがご先祖様から受け継いだ牛の城を、いま明け渡すわけにはいかない。それよりも何よりも、好きな牛が万一滅びてしまうものなれば、その時こそ、滅びるものの美しさを、しかと見届けてやろうとひそかに心を燃やしている。

川柳（「番傘」昭和六十一年十二号）

「番傘」同人数人に問い合わせした結果、「家畜商をされていて日本全国に出かけ留守がちで、奥様と喫茶店も経営していた。隣の弟さんに本宅をゆずり、新宮に出てからは株・証券投資に失敗、多くの人に損害をかけ破産し、亡くなった。」と。

　借耕牛を追って三木時雨郎氏にまで辿《たど》りついたが、共に馬喰をしていた弟さんの存在が判明～捜していた人物はこの人なのか？

四代目馬喰、三木　保氏

　やっと電話がつながった時は——震えた。いい知れぬ畏《おそ》れで体が竦《すく》んだ。考えてみれば馬喰の実態については門外漢《もんがいかん》だ。果して話をしてくれるだろうか？

　今まで数十回してきた借耕牛の取材とは全く違う緊張感。

　一体全体、『四代目馬喰』とはいかなるものか？どんな世界、どんな人物が、私を待っているのか？

　アポが取れ、自宅に向かう。心臓がキュンと痛む。（落ち着け、心の準備は出来ている。今までだって上手《うま》く行った。覚悟して現場に出ろ！出れば必ず道は開かれる）

ピンポーン

玄関扉を開け、三和土《たたき》に一歩踏み込んだ。見上げると大男が居た。……浅黒い腕を胸で組み、じっと見下ろしている。パンパンに張った太腿、脚を開き、素足の親指が床にガッツリ吸いついている。見たことのない偉丈夫《いじょうふ》だった。（これがこんまい時から、たっぷりの牛肉を喰ったカラダか……）

彫りが深い。面長、鼻高、二重《ふたえ》の目。何もかも整っているが大きい。映画『馬喰一代』の三船敏郎の男臭さ、漲《みなぎ》る力——圧倒された。

事務所に通され、面と向かう。

柔和な表情、やおら口角《こうかく》が上がり、目元がゆるむ。——知的ささえ漂《ただよ》わせ……私は戸惑った。微笑んでる？ＯＫだ。私は一気に取材をスタートさせた。

今回の取材対象者

四代目最後の馬喰　三木　保氏　昭和四年生《うまれ》　九十一歳

『三木時雨郎《じゅうろう》さんの件で——』当たりさわりのないところで切り出す。彼はそれを無視し、即、本題に入ってくれた。

一代目

祖父繁太郎《しげたろう》は、借耕牛を一手に扱う馬喰で財を成し、一町五反の田を有した。明治初年札束《さつたば》を胴巻《どうま》きに、金比羅や塩江の歓楽街へ繰り出す。何台もの人力車を連ねての遊興三昧。酒に博打《ばくち》、三味線片手の、全国から群がった芸者衆に札《さつ》を撒《ま》き散らしての大盤振《おおばんぶ》る舞《ま》い——馬喰たちの黄金の日々だった。

二代目

その長男栄《さかえ》は明治二十四年生《うまれ》。あの食糧難のご時世に、幼少より白米の飯と牛肉ばかりのスキヤキで育ったとか。二代目馬喰として父と共に、九州から近畿・中部地方へと進出し、四男二女に恵まれた。

三代目

長男智《さとる》（後の三木時雨郎《じゅうろう》）は家業を忠実に守り、最盛期には年間四、五千頭にまで商いを伸ばした。二男はサイパン島で玉砕。三男渡は学力優秀で、学校長、教育長を歴任し現在も高松市で健在。長女は五歳で病死。二女孝子は、兄時雨郎《じゅうろう》の門下生《もんかせい》として、〝川西青蝶《せいちょう》〟の号で第四十回四国新聞読者文芸の川柳部門で二年連続で最優秀賞に輝いている。現在は施設に入居中。

四代目

四男、保は十六歳の二月、中卒者として予科練《よかれん》へ。岡山経由の熊本で、グラマンの飛行訓練を開始するも八月終戦。十八歳で家業の馬喰に加わり、父や長兄に習って借耕牛追いからスタートする。牛の見分け方は、背中が尻高にカーブして伸び、毛並みの色艶が良いこと、体格や血統など牛を見る目を養い、一分でセリ落とす目利きとなった。阿波から山越えしてきた牛を集めて値決めし、讃岐の農家に引き渡す。牛の貸借をめぐり、トラブルが多く、後年、経済連（農協）が保証人となり契約書作りや契約番号の確認作業、ルール作りをする等、紛争処理手続もする。

借耕牛での農業が時代と共に行政上、有畜産農業に移行。馬喰本来の売買や斡旋に、親子三人商いを拡大していった。

日本全国へ

福島県郡山《こおりやま》市《し》浪江《なみえ》町の市場で、八十頭、良ければ全部買う。牛専門の運送業社のトラックに二～三十頭ずつ乗せて、岩手県遠野《とおの》市《し》雫石町《しずくいしちょう》の数十軒ある得意先で売り捌《さば》く。中西部の花巻市や栃木県にも、四、五年通って顧客を大幅に増やす。

福島県美春《みはる》町や浪江《なみえ》町、小高《おだか》町へも長距離運送トラックで次から次へとピストン輸送。〝良くて安い〟の評判で売れに売れた。が、行くところ、行くところに暴力団がいて「あいつらどこのもんや！誰や！？」とセリ込まれたりもした。

又、鳥取、島根では主に牛の子ばかり安価で買い、山口県へ持ち込み大いに喜ばれた。

その頃から和牛の本家・本元として、京都北部の丹後《たんご》・丹波《たんば》、兵庫の但馬《たじま》牛《ぎゅう》は有名だった。肉質の味もサシも超一流で、他の追随《ついずい》を許さなかった。

県内で――

香川県はメス所《どころ》として役牛の要望が強かった。

熊本県、「肥後あか牛」（起源は韓《かん》牛）のメスは、性格大人しく辛抱強く良く働き、粗食に耐えるという特性が好まれた。

船一隻を朝鮮牛のメスで満杯にして九州から運び、香川・徳島で売り捌《さば》いた。

トラックに積み、三豊・滝宮・円座の市で各三日間、川島・本山《もとやま》・金《こん》蔵寺《ぞうじ》で各二日間、各地の牛市でセリ売りした。

又、琴平や大川郡の石田へは、子牛を追うて四里、四時間の道を歩いた。どの牛を先頭に立てて、次の牛は……と順番につけ、隊列を組ます。進行に大差が生じるので、牛見る目、目利きがモノをいった。

牛糞《ぎゅうふん》で迷惑かけぬよう人や車の往来に支障が出ぬよう、川沿いの河原を選んで歩く。水を呑ませ、青草を食ませながら、十頭ほどの群れを追うて行く。

子牛がぜいぜいと舌を出し、蹄《ひづめ》から血を流すことも。

阿波の貞光や脇町で安う買うて、他所《よそ》で高う売る――「儲けないかん、商売は。」

『ずい分、儲けたんでしょうネ』と、私。

商売や。損する時もある

終戦直後、襲《おそ》われた。阿讃三大峠のひとつ、清水峠・榛原《はいばら》。百円札で十～三十万を詰めた二個のカバンを、カバン毎ひったくられた。

又、池の戸市場で商いを終え、今の金で一頭三～四十万円、二十五頭分五～六百万円を詰めた布製のトランク数個を、コトデンの駅のベンチで切り裂かれ盗《と》られた。

十八歳から八十歳までの六十二年間の馬喰人生。兄も亡くなってからは一人で、西讃から東讃迄、牛を追って商いを続けた。

廃業――晩年

十年前から米麦で八反、平地はトラクターを今も一日中使う。自宅裏の山の斜面も、てっぺんから谷まで草刈りし田圃《たんぼ》にした。

刈り取った藁《わら》や米は、肩に担《かつ》いで山を登り降りして運ぶ。

この労働が今の彼の筋肉をつくった。ためしにメジャーで計測すると太腿《ふともも》五十二センチ。九十歳とは思えない。

――最後に思い切って聞いてみた

「『馬喰』って差別用語なんですけど、どう思われますか？」聞いてみたかった。ぐぐっと追求の構《かま》えで身をのり出し、見つめる。

「家畜商でしょうな」サラリと躱《かわ》された。

四代に亘《わた》る「馬喰の系譜《けいふ》」であってこそ、香川県内の他の馬喰を圧倒的にひき離したのではないか。扱い頭数と売上高、商圏の広さ。最盛期、年間四～五千頭、東北地方から近畿・中国四国はもとより九州一円。馬喰界の大物のひとりが元気で香川に存命し、生きた話を聞けたことが有難かった。

題字に使った『馬喰』の可否

「差別用語」なのか？香川民俗学会・理事会で検討した。総会発表でも重ねて問題提議した。過去に事件が多かったので慎重を期した。

前述の『馬喰三代目』の三木時雨郎《じゅうろう》がいみじくも述べている。「私の職名は正確にいうと『家畜商』である。しかしどうしても馴染《なじ》めない。やっぱり私は江戸時代からの『ばくろう』が好きである。」といいつつも「馬喰」は漢字ではなくひらがなだ。

誰れが、何のために

確かに、私の借耕牛取材での『差別体験』は十指に余る。本人は了承するのに家族が拒否する。門前払いや「口外《こうがい》するな」などである。借耕牛→馬喰→身分差別→隠《かく》す→直隠《ひたかく》すという図式が、現代にまで根強く残存していることに何度も直面した。

誰が何のために身分差別を成立させたのか？正当な理由もなく被差別民を造ったのは、秀吉や家康などの時の権力者であるという説があった。

が、現在では、中世にすでに「非人《ひにん》」と呼ばれる被差別民が存在したことが分かっている。

差別用語としての『士農工商』

『士農工商穢《え》多《た》非《ひ》人《にん》』の語は江戸時代には存在しなかったとされている。明治七年（一八七四年）に初めて使用されて以後、昭和初期の融和《ゆうわ》教育（同胞融和）の中で頻繁《ひんぱん》に使われるようになったと考えられている。『士農工商〇〇』〇〇の部分には「芸能人」「予備校生」「アナウンサー」等の語が入り、しがない身分を自嘲的《じちょうてき》に表現されたとして、これは茶化すことにつながり、一九八〇年以降『放送禁止用語』として、扱われている。（二〇〇二年現在約四百用語）

糾弾《きゅうだん》事例《じれい》

●TBS糾弾事件●週刊文春糾弾事件●阿久悠糾弾事件●電通事件etc……
以上出典wikipedia

しかし二〇二〇年三月、NHKの人気テレビ番組ファミリーヒストリー『古舘《ふるたち》伊《い》知郎《ちろう》』篇《へん》で、「彼の曽祖父《そうそふ》は馬喰――」と解説、放送された。これを聞いた民俗学会会員は、「遂《つい》に、解禁か！」と手を打った。『馬喰』の言葉がNHKで放送されたということは、「放送禁止用語」解禁――「差別用語」でもなくなったと考えられるのではないか。

――こうして言葉は、自由を取り戻していく。感慨深いことだった。

第一回目のこの取材で、三木　保氏は私の不躾《ぶしつけ》などんな質問にも、余すところなく真摯《しんし》に、外連味《けれんみ》なく答えて下さった。その豪放磊落《ごうほうらいらく》なさまは、これぞ〝馬喰魂〟。ついぞ今頃みかけない器の大きさに魅了された。

――一年後

――二〇二〇年四月、新型コロナで〈うえを／したへの／おおさわぎ〉の渦中、私は原稿を検分して頂こうと二度目の連絡をした。

息子さんが電話口に出られ、「父は脳梗塞で倒れ、退院したばかり。

記憶も言葉も定かでなく今は安静状態。」と断られた。再度、会わせてもらえるよう頼んでも、「本人が、昔のことが出てこない。」と拒否された。

それでも〝一目《ひとめ》〟とアポなし突撃訪問を決行。玄関で来訪を告げるも返答なし。グルッと屋敷を巡ってもう一度玄関へ―応答なし。裏木戸から勝手口にまわり、大声で何度も来意を告げる。深閑としている。家の裏手へまわり耳をすますと、かすかにテレビの音声がする。（……居る……）ガラス窓を叩く。「ごめん下さい！」ドンドンドン！！まるで刑事か探偵の捜査じゃないか。私は執念で「こんにちは！」ガンガン！すると根負けしたのか、老女の小さな声「ちょ、一寸お待ち……」押すと開いた勝手口から、勝手に身をすべらせる。

――現れたのが奥さま。三木弘子、八十八歳。若き日はさぞかしと思わせる容貌――面長・目鼻立ちくっきり、スラリとした立ち姿……。保氏の男っぷりと似合いの、此の辺じゃ目立つカップルだったろう。かつては『竹下夢二風美人』だったろう。面影が私にはハッキリと目に浮かぶ。――後日、甥《おい》の一人に聞くと「いや本当に美人だった」と。

「夫は商売で結婚以来、年中不在。子供を背にひとりで一町八反。おかげで顔は日焼けし、ほれこの通り。背中は九十度に曲がりひどい腰痛、歩行もままならん。それでもやらないかんと、軽トラやトラクター使うて、米と麦を五十年。」と、野良焼《のらや》けの顔を恥ずかしげに伏せる。やっと夫が戻って喜んだのも束《つか》の間。今年倒れて今や寝たきり。哀れヨレヨレの老老介護。それでも近所に住む娘が夕食を届けてくれ、やっと息子が田圃《たんぼ》をひきうけ、草刈りも。「―すまんなぁ。本人、記憶も言葉も戻ってこん。息子に誰かおいでても出んようにいわれとるので。」最初の取材の時は会えずじまいの奥さまに、保氏留守中の五十年間の内実の話が聞けた。私にはこれで十分だった。

帰路、満開の桜並木が見送ってくれた。「保さ～んガンバッテ～。奥さ～んありがとう～。二ヶ月後に会いにくるでー。」とエールを送り人気のない、一寸淋し気な桜をバックに跳躍《ちょうやく》して記念の写真を撮った。

丁度一年前、得難いことにしっかり取材ができていた。奇跡的にまにあったのだ。それは今や、私の取材対象者がギリギリ命の限界にきているということだ。もはや一刻の猶予も許されない。

借耕牛・馬喰の史実が風化せぬ前に記録し残したい。どうぞ話の聞ける人をご紹介下さい。どこへでも、すぐ参上します。

連絡／三六五日・二十四時間対応
○八七・八三四・七〇五一（ＦＡＸ共）
○八〇・七九五〇・三二二六（スマホ）

「カリコ・ばくろうの件」と言って下されば、こちらからかけ直します。

追記

以上、ここまで書いて、三男　渡氏に取材を申し込んだ。「私は家業について全く知らない。借耕牛・馬喰についても同様。話せる事はないので会えない。」「四月十日、保氏の病状を奥さまから聞いた。何かすこしでもご存知かと」「奥さんとは弘子義妹のことか？四月十二日に亡くなった。今、私は喪に服している。」

唖然《あぜん》とした。死因は老衰《ろうすい》ということだった。が、二日前には介護づかれで疲労はしていてもしっかり応答して下さった。事実は小説より奇なりというが――。信じられない思いで私は、渡氏に会いに行った。〝ピンポーン〟ドアフォン越しに「こんな時期なので」と最後まで直接会うことは叶《かな》わなかった。

香川に、四代に渡って馬喰稼業に命を燃やした三木一族がいた。東北から九州一円迄野火を拡げていった。『ここに讃岐馬喰あり』と。

二〇一九年の取材時、三木保氏のカラダからは、讃岐馬喰の熱い熾火《おきび》がチラチラ燃えていた。私が投げかけ、彼が応じる一問一答、時に激しく炎が立ち揚がった。一年後脳梗塞《のうこうそく》で倒れ半死半生の境を漂う。しかし、フーッと息を吹き込めば、灰の中の奥の奥にある馬喰魂の火種が、メラメラッと燃え上がるかも。復活してほしい。会いに行こう、命の炎を吹き込みに――。

借耕牛　無幻
2016年　冨田　紀久子
S20号　アクリル画

借耕牛を追って南限なる秘境、美馬郡一宇《いっちゅう》村まで来た。剣山麓《つるぎさんろく》貞光《さだみつ》川の霧湧く山裾《やますそ》、牛追いと共に粛々《しゅくしゅく》と進む借耕牛40頭…。夜明けの出立、月明りに浮かぶ白い山百合だけが金色の花粉を撒き散らしながら、見送る

〈2021・コロナ禍の夏〉

牛のあっちこっち墓巡り

誰のための墓標か
―讃岐農民の牛の鎮魂碑―

【塩江、綾川、香南、大野、円座、国分寺、下笠居、香西、庵治、東植田】

農家にとって、牛は家族。宝物。その牛が死んだ時、たとえ借耕牛であっても丁重に葬った。牛の墓は、探せば讃岐平野のあちこちで見つけることが出来る。

今回は10地域38基。さあ、それでは出かけましょう。牛の墓参りに―!!

借耕牛往還道《おうかんどう》 塩江の３基の牛の墓を見つけた～！

30年前、知人に「貴女なら画けると思うよ、借耕牛。自分で調べまい、感動することが見つかるはず。」この一言が、私と生まれて初めて聞いた借耕牛との出合でした。

しかしながら、その後10数年間、借耕牛関連の論文や市町村史、研究書に記載の細かな数字や文章、潰れた写真と格闘する日々だった。生身の借耕牛を体感出来ず、さりとて本物の借耕牛を呼び出す事も出来ず、乳牛や肉牛を幾ら見ても創造力は膨らまない。

何処にも居ない「借耕牛」、見たこともない「借耕牛」まだ見ぬ憧れの人を待つような辛抱のいる日々が続いた。

―塩江、安原、竹林の中、一人でみつけた～涙の牛の墓―❶

❶塩江、安原、竹林の中で

2007年８月14日（盆）。誰かに呼ばれるように、南に車を走らせていた。塩江街道、安原。竹林の蝮《まむし》が潜む薮の中、はい回ること１時間。気温36.7℃、照りつける猛暑に耐え兼ね、潜り込んだ雑木林に探し物はいた。蒼灰《あおはい》色の、そら豆形した淵《ふち》の石。「待っとったん？ずうっ～と？」墓石に刻まれた『**昭《しょう》和《わ》卅《よ》年、牛の墓、一月十七日**』この日、彼は亡くなった。私の生まれる15年前。その93年後、私を呼んだ。・・・・想いは叶った。

たとえ墓であろうとも、抱けば人肌の仄《ほの》かな温さ。形もまた重さもある実在の借耕牛を、私は今やっと抱いていた。ブツブツと色々語り合い、墓石の奥からつぶらなグミのような目が、ふっと笑った。翌日から**「借耕牛と少女」**の絵巻物の制作に着手した。

―塩江街道・安原　倒れ墓―❷

高畑地区、塩江街道沿の山際の竹林に倒れたままに、数年前から放置されている合祀《ごうし》墓。**「明治…九月十九日・同七年十一月十七日・同……月七日」**と３頭の亡くなった日付けが刻印されている。起こして据え付けてあげたいが、斜面に根が生えたように埋もれて動かない。

❷塩江、安原、倒れ墓

❸内場ダム、星越峠

―星越峠の牛の墓―❸

内場ダム湖堰堤《えんてい》西付近、星越峠頂上には、沢山のお地蔵さんがいる。星越はその昔、交通の要衝で人も借耕牛もここを超えて塩江街道に出た。阿讃山脈を超えて連なる星越峠越えで倒れた牛の墓も多々。今も花や水が供えられているが、大蛇のような蔓が道を塞いで荒廃している。

「相栗峠で温泉堀ったら、牛の墓石、ゴーロゴロゴロ～」RNC 植松アナウンサー　ラジオ番組対談にて伺う。

（塩江町・楠様談　ガイド）

借耕牛の聖地の一つである　綾川町の七基

―四本桜の牛の墓―❹

琴電　陶駅前から南へ徒歩７分。４本の満開の桜の古木に守られた一基の石碑がある。ほっそりした形の良い胴体に、**牛の墓**と深く刻まれ上部に蓮華座の可愛い地蔵尊の存在感が、他に類をみない。過去、移築の際の損傷で下部の年月日らしき数字の判読不明が残念。当時は欝蒼とした砂利道だったが、今は二車線の舗装道路になっている。長い道のりを牛追いさんともどもやって来て、農家の担い手として懸命に働き、又牛追いさんに連れられてこの道を帰って行く。ここは一休みして草を食む場所であったのかもしれない。花吹雪の舞うなか亡くなった借耕牛たちが今、うつとりと花びらを目で追いながら、永遠のまどろみに漂う。

❹綾川、四本桜

―山角《やまかど》の牛の墓―❺

そこから南下すること車で10分、バス停<山角>昔、宿場町『つるや』・『かめや』の二軒の宿屋があり、借耕牛を追う馬喰さんはそこで一服した。琴平に行く人もそこから高鉢山を超えて行ったとか。その道が、借耕牛の往還道だったと、武田 明さんが民俗史後書きに述べている。急な石段を10段程登ると左右に狛犬、奥に社がある。暗くて見えかったが中に牛の墓が祀られているという。

❺綾川、山角、借耕牛

—角ヶ内（すみがうち）の地蔵—❻

近所の人によるカラフルな花々に包まれ、県道府中琴南線から少し脇道に入った西分角ヶ内にある。旧道へと続く出入口で、**『三界万霊』『昭和一年二月』**の文字の真ん中に深く彫られた可愛いお地蔵様が蓮の上で両手を合わせて微笑んでいた。

❻西分、角ケ内

❼首切り峠の地蔵

—首切り峠の地蔵—❼

場所は、県道府中琴南線の琴南方面に向かう途中、かの有名な「首切り峠」の標識から旧道へ入ったとこに。ある。近くで工事中の監督さんに確認したところ、その人は地元の人で「首切り峠の地蔵に間違いない」とのことだった。地区はこのあたりから琴南町になり、３及び４については、地元の稲毛さんがお世話しておられると、近所の佐野様にお聞きした。

❽牛の鳴き真似上手

—佐野愛子様宅—❽

90歳になる一人暮らしの女性。舅が借耕牛を使って農作業をしていたこと、疲労困憊し、か細く啼く牛の鳴き声を何度も再現してくれた。近所の２体の地蔵さんの確認をして頂く。写真をお願いすると、曲がったお腰をすっとのばし、ならぶと、私と同じ位の背の高さなのにチョット驚いた。突然の訪問にもかかわらず、納屋の隅から南瓜や芋、庭の千両・万両をどつさり土産に持たせて下さつた。

—飼牛の墓—❾

昔、桂嶺寺のある家で飼牛が火事で焼け死んだが、飼主の夢に死んだ牛が現れて、人がようけ通る所へ埋めてくれといつたので、車や人の往来のある道路縁を選んで墓を建てたという。場所は行列のできる山越うどんを西に行き、羽床上地区の矢谷自治会、小径の脇です。

❾山越えの西、飼牛

❿橘の丘、割れた墓

—割れた合祀《ごうし》墓—❿

昔、地域の牛が亡くなった時に合同で埋葬した場所が、総合運動公園建設工事のため墓の移築がされた。その際ショベルカーから落下したらしく、無惨に５つに割れて修復されている。

大きく深く彫られた**「牛之墓　明治十〇年〇月十三日施主川北、宮浦」**の名前が刻まれている。場所は橘の丘運動公園の十瓶《とかめ》山の南斜面に移されている。

（綾川町・四宮様談　案内）

—主基《すき》斎田《さいでん》　耕牛 千代号の墓参り—⓫⓬⓭

さて、綾川町のラストを飾るにはここは外せない。一大イベントとして大正四年 大正天皇即位の大礼、大嘗《だいじょう》祭の斎田に選ばれた事を記念して、黒毛和牛の牝の千代号が耕牛として活躍した。岡山県新見市の牛の本場から選ばれて来たという、当時の千代号の雄姿の立て札と庵治石の立派な記念碑が、主基斎田跡地の街道沿いに建てられている。

（三野町・真鍋氏案内）

⓫斎田の耕牛

⓬千代号の親子

⓭主基斎田の墓

—郷東川　氾濫原《はんらんげん》の牛の墓—⓮

郷東川は度々氾濫し、最後の大正期の洪水で氾濫原となった、飯田町の山林に牛の墓がある。その後の耕地整理で、周りの水田地帯や大根畑の土砂を積み上げ高くなっている。地域の世話人だった川崎氏が、そのような場所を引き取り牛の墓を建てたと思われる。

今や、誰も近よらぬ藪の中、**「牛馬の墓　大正三年五月建立」**となっているが、明治18年生まれの祖父は「牛の墓」と言っていた。どこの牛が何頭埋められているかなどの話は伝わっていない。ただ、川崎家も昭和30年頃までは牛を飼っていた。古くは、年寄せて動きが悪くなっても常に配慮して、使える状態を維持していた。死ぬまで大事に飼い、急に死んだら食わず埋めよった。他の農家は生きている状態で馬喰に引き渡していた。明治から大正期の話です。

（飯田町・川崎正視氏談）

裏面　表面

⓮氾濫原の墓・正面

—郷東橋東詰にある牛馬の墓—⓯

郷東橋東詰、旧渡し場跡地から南へ約300m山際に牛馬の墓がある。明治初期、屠殺場がこのあたりにあり、また度重なる洪水で流れ着いた牛馬を葬った。右の墓石が馬、左が牛の墓石だ。墓石の前には飼葉《かいば》桶を模した石作りの立派な入れ物が置かれており、西濱《にしはま》の文字が読み取れる。後ろの木が成長しすぎて根を張り、馬の墓を倒しそうになっている。

⓯郷東橋東詰めの牛馬の墓

この郷東川の河原の毎年恒例の川市は、別名「流れ灌頂《かんじょう》」または「流水灌頂」ともいわれる。市がたつ前に祭壇をしつらえて水死者や行き倒れ遍路、牛馬の霊の供養会《くようえ》を行う。郷東橋の先、観音崎の松平ゆかりの松岩寺の住職が、経をあげ儀式をとり行っていたという。

（鶴市町・柘植里美さま談）

―香南町 岡の牛の地蔵墓―⓰

高松空港近くの旧塩江街道から香東川沿いに南に入ると、岡地区の弘徳寺がある。その裏庭に、牛の地蔵墓、道標－左こんぴら道右たかまつ仏生山、地蔵の３基が並んでいる。相栗峠や清水峠を往還する借耕牛たちの墓である。**「明治十五年建造」**苔むして文字は判読不明だが、岡地区の歴史書に記載されていた。キンセンカが供えられ地域の人々によく世話をされているのが伺える。

⓰香南町岡の借耕牛の墓

―清水の牛の墓　ゴロゴロ石―⓱

岡地区の牛の墓から道路を挟んですぐ西側に清水の出水があり、ここが借耕牛の水飲み場であり、牛追いさんの休息の場所でもあった。相栗峠越へ又、帰還の牛達が疲れ果てて、中には命を失うものもあった。亡くなると同業の者が近くの神社の麓へ埋めて、印の巨石を置いた。地域の子供たちは「牛の墓まで、競争だー」と、ゴロゴロ石の所まで駆けっこして遊んでいたという。近隣の会社役員の90歳の方のお話である。

⓱印の巨石がゴロゴロ

―円座 堂山《どうやま》の牛の惣墓―⓲

ことでん岡本駅の道路挟んだ西側に、高さ302メートルの堂山がある。ハイキングコースとして人気の登山道の入口、道路脇の草むらに牛の墓があると聞いた。高さ1.3メートル、幅0.9メートル 自然石を加工し彫りを加えている。**中央に牛の惣墓 右側に明治六年 左側に発酉孟秋**。意味は、近隣集落で借耕牛が死んだら一ヶ所に集めて埋葬し、**「明治六年七月　５時～７時」**牛の墓を合同で建立した。近所の由緒ある寺の若い二六代住職は何にも知らなかった。しかしながら、寺の檀家総代を紹介して頂き、牛の墓は借耕牛だと確認された。氏は円座の農家の長男として、小学校時代から借耕牛を使い農繁期には母親が学校へ呼び戻しに来て連れ戻されるのが辛かった。農道を牛を追っていくと電車の警笛に驚き、牛が暴走して往生したとの話が興味深かった。一説に、近くに菅原道真公ゆかりの神社があるので牛が祀られていともいう。

⓲堂山登山道入り口の借耕牛の墓

（飯田町・川崎聖之氏情報提供　案内）

―円座 廣旗神社の牛の墓―⓳

昭和33年発行の円座村史によると、明治40年香川郡畜産組合が創設された。先見の明のある篤志家が600坪の土地に200余坪の牛舎及び事務所を無料で貸与した。毎月六回牛市を開設していた。この市場で売買された朝鮮牛は相当数に上り、朝鮮牛の移入は帆船で下関より釜山に渡航し、プサン鎮及び蔚《うる》山焉山《さんえんざん》の各市場で購入し、玄海灘の荒波にもまれながら移入したのが香川県では最初であったといわれている。

なお、当時の牛馬仲介商人は14名おり、県下にてもその名を轟かせていた。と、その実名を記している。現在、円座の牛の歴史の生き字引と言われ、50頭のオリーブ牛の種牛を飼育している渡邊氏は、その14名全員の名前を挙げられて「どれも男前でモテモテ、阿呆では出来ん。金儲けて子孫繁栄、出世しとる」。余談ですが、その割には牛の墓が２基しか見つからなかったのは残念なことである。

（円座町・畜産業 渡邊隆司談）

⑲名を轟かせた円座牛の墓

庵治半島　―牛の産地を訪ねて―

50年前の資料によると、庵治は牛の産地であり、特産の石を加工した個性的な牛の墓がゴロゴロあるという。庵治は漁業と石の町と思い込んでいた。ところが文献によると、松平頼重公が、庵治の小島に牛数千頭を放し飼いにしたという言い伝えは別として、**明治三年庵治半島に三百十一頭、その後明治二十年にも三百四十四頭の牛**が飼われていたという記録が残されている。140年位前には、庵治は牛の産地であり、貴重な名産品で重要な財源であっただろう。大事に飼育して育て、時には家族の一員とも思えたに違いない。

だからこそ、当時の人々は、倒れた牛のためにコツコツと石を刻んで思い思いの墓標を建立していたのだ。その優しさが、それぞれの墓の前に立つたびに胸に迫る。

―地頭名の牛の墓―⑳

庵治半島の中央部に位置する溜池、通称「大池」の東部分を地頭名地区という。その地区の南端山裾に共同墓地がある。登り口に４基の牛の墓がズラリ。一番左側の墓は牛のレリーフの上には“**釈**”という一文字のみ。他のものは、**「明治八亥年」**が辛うじて読み取れるのみである。

⑳ズラリ勢揃い４基の墓

―桜八幡神社裏の共同墓地―㉑

桜八幡神社近辺に、牛、犬、無縁墓等あちらこちらからの墓石を集めた共同墓地があると言う。周辺を走り回るも見当たらない。農作業中の男性が周辺をぐるっと登ると神社の裏庭にあるとのこと。あった、あった、目印の大きな石碑の隣りに屋根付きの、ブロックで囲われた中に大小、形状様々な墓が集められている。中にチョット変った牛の墓がある。一面に火焔を背負った不動明王の下に、まるで子鼠のような牛がうずくまっている。その近くには、番犬“金《きん》の墓”というのもあった、残念ながら何れも風化が激しく判読しづらい。

㉑古すぎて判読不明

—北村の共同墓地—㉒

さて、桜八幡神社の裏庭の共同墓地の次に行く北村の共同墓地が分からず、停車中の人に尋ねると親切にも先行するからついてきなさいと。細道から曲がりくねった下り坂、やっとこさ平地に出て田圃の中を暫くグルグル行く。また上り坂になった所が町営の北村共同墓地だった。道案内の人は石材店の営業マン！北のはずれ近くに牛の墓が２基。草むらの中、牛のリアルなレリーフが浮いて見える。但し、その牛の墓のすぐ上にある親子の猫ちゃんの墓は、年月を経ても目がクッキリと見るものを釘付けにしている。

㉒北のはずれの牛の墓

＜参考文献＞「私のふるさと地図」南　四郎　1983

《さぬき国分寺町誌より》福家の伊藤信義氏によると、借耕牛を借りに琴南の美合の明神まで、あるいは塩江の岩部まで行ったという。牛は、真鈴峠、相栗峠、西の三頭峠を越えて来るのだ。阿波の人が一人で６頭までの牛を追って、吉野川北岸からやって来た。これをこちらから６人が連れに行った。借耕牛は平井廣吉という牛馬斡旋業者が世話をしていた。また、西大谷の中村虎吉、「ニシキ」という屋号の山端という博労は、徳島の博労と連絡を取り合ってやっていたという。第二次世界大戦中には借耕牛は中止され、伊藤氏は、戦後の昭和22～23年頃から借耕牛は止めて、県の有畜産農業政策下で、自前の牛を飼い始めたという。

—国分寺町国分の牛の墓—㉓㉔

さて、写真の牛の墓は、国分寺町国分東奥広原共同墓地の入口にある。縦２メートル幅2.4メートル、他所のと比べても大きく立派。自然石の半面には、**「明治六年九月」**正面に６センチもの深く荒々しく彫られた**「牛の墓」**左に**「東奥中」**近くに、矢印で示された木製の道標に、根香寺5.1km 白峯寺5.6km　国分寺2.0km 四国のみち》とある。お遍路さんの行き来するこの神聖な道野辺に、あちこちから集められ纏めて祀られている。建立した人々の思い入れの強さは、深く彫られた文字列に現れている。由来を探し行政の手を借りて八方調査するもでてこない。国分寺市街地を望む見晴らしの良いこの聖域で見守られ、安らかな眠りについているようだ。　　　　　（香南町歴史民俗資料館 学芸員談）

㉓遍路道の道標脇

さて、庵治でも下笠居でも、又は仁尾、詫間でも「借耕牛やこしここら辺には来とらんで」と言われてガッカリしていた。

しかしながら調べていくと、庵治は明治時代には牛の産地だったし、下笠居では男木島・女木島から島牛が牛舟で来ていて、多くの墓が残されている。

㉔東奥広原の立派な牛の墓

下笠居の牛の墓

—植松町の牛寄せの墓—㉕

㉕２地域まとめて牛寄せの墓

さぬき浜街道を香西方面に進み、左に大鳥居、首切り地蔵、コンビニの所を左折する。下笠居農免道路の植松団地を通過すると左側にある。自然石の正面右に**「南無阿弥陀」**と刻まれており、その左右に**「明治六年酉年山荒分」「八月牛寄せ墓　平見分」**とあり、２地域の牛を纏《まと》めて葬った。

—中山町の牛の惣墓—㉖

㉖３地域まとめた惣墓

上記の下笠居農免道路を南に進めば、同じ年に建てられた牛の惣墓がある。自然石の正面右に**「牛之惣墓」**、左に**「棗（桑）崎森谷原三免□**（一**字不明）、中央に大きく「南無阿弥陀仏」**と彫られている。裏面は**「明治六年酉八月建立」**とある。前年のコレラで死んだと思われる３地域の惣（総）ての牛のための墓という意味である。

—佐料の牛の墓—㉗

㉗一帯の谷の名も「牛の墓」

鬼無の佐料地区を、誠陵高校の西を登った谷に古くから自然石の牛の墓があり、一帯の谷の名前も「牛の墓」と呼ばれていた。現在は砂防工事のために移転され、佐料墓地から西に上がる道沿いのミカン畑の脇（農免道路との交差点のやや下）に移設されている。古くて文字などは判読できない。

—香西岡地区の牛の墓—㉘

県道16号（旧11号）一本木を西に折れ、住宅街の間の細い道を真っ直ぐ行くと家がきれた所に、岡の共同墓地がある。中笠井の会下・作山地区の牛は薬師山の西に葬られた。そこから、より西方向の農免道路を横切りミカン畑の脇を行き止まりの手前で車を置く。左へ徒歩で約１km、行き止まりの手前右側の斜面の雑草のなか、２基の牛の墓がある。背の高い雑草を折り、２基を纏めて撮影しようと雑草のなかを移動中、固く小さな物につまずいた。草むらの中には驚いた事に、黒い丸い滑らかな直径25センチ位の石が累々と。**「これは、墓だ!!」**と。地域の沢山の牛の墓が集められて、最終的にここ薬師山の行き止まりの斜面に、安住の地を得たのか。ミカン畑には害獣の侵入をふせぐ電気柵が張り巡らされていた。

㉘地域の牛の墓大集合

―下笠居　伝承牛塚―㉙

山東北山ろく、横立山古墳のそばの牛塚。青峰山中を古墳を目指してぐるぐる走るも徒労に終わった。再度、地元の研究者に地図上で指示を仰ぎ、今回はさぬき浜街道を、下笠居小学校からの農免道路を西へ行く。石の開通記念標識の角の雑草生い茂る中に、牛塚はあるらしい…が、見えない。付近で電線工事中の作業員が、電柱の上の箱の中から指差した方角を見ると、石のてっぺんがチラリ。表面には**「南無阿弥陀仏」**裏面には**「明治六年酉年 八月建立 牛惣墓」**の文字が刻まれている。現地の方々には大変お世話になった。この牛塚は、東すなわち屋島壇ノ浦を向いている。何故ならば、源平屋島合戦のあと、源氏に使われた多数の牛の死体が下笠居の浜（牛が鼻）に流れ着いた伝承があるためである。つぎの「牛が鼻」の写真の左側に、かすかに屋島の姿を視認することが出来る。

表面

裏面

㉙東に向けて建立

―牛が鼻―㉚

神在川窪町の港の西隅に高さ４m程の小山状の岬がある。伝承では、屋島源平合戦時、源氏に接収された下笠居の赤牛が死んで流れ着いた。これを悼んだ里人が牛の霊を祀った。(憂《う》しが鼻 菅原道真公が太宰府に流される途上に船泊まりし、ゆかりの人々との別れを惜しんだ場所だという事で憂しが鼻と言われたという伝承もある。)　　　＜参考文献＞「笠居郷探訪」立山信浩　2011

㉚赤牛が流れ着いた岬

―香西寺・萬徳寺における牛にまつわる話―㉛㉜

香西寺の裏山にあるミニ八十八ヶ所霊場巡りの中には、札所を示す石塔に混じって数基の牛馬の墓があると言われている。足場の悪い山の上り坂に500基に余る石塔の調査を行うも、100年以上も経て文字が読み取れない。新しく立派な馬の供養塔があっただけだった。

香西寺の門前すぐ脇の萬徳寺では住職に話を聞けた。田植え前、盛大に牛馬の市が開かれ、鋤、鍬、苗木種もの販売、境内では借耕牛の貸し借りや牛の競りが開催され、馬喰や百姓たちの掛け声や熱気で騒然とした。堂内壁面の大画面は幕末の日本画家、植松文昌作の「八方睨みの牛」が奉納された。

㉛奉納された幕末の絵馬

㉜飯田の高地蔵さん

香西寺の大護摩は県下最大で、岩田神社参道口の「飯田の高地蔵さん」は、５m以上あり毎年４月10日、お坊さん７人を派遣。牛の大般若で有名だった。牛に経文一巻を聞かせ病気封じをした。その日は飯田中《じゅう》の牛がやって来て一日中牛の鳴き声が止まなかった。昭和35年頃の話である。

（飯田町・川崎正視氏談）

香川町　大野地区の５つの牛の墓

―大野口―㉝

船岡池の南東隅を南へ100m、延命地蔵と並んで高さ２mの自然石。銘文は**「明治六年酉年８月建立　松ケ内　一本堂」**地蔵まつりと共に地域の人々が参拝している。

㉝大野口２地域の墓

㉞臼井のあちこちの墓をまとめた

―臼井《うすい》―㉞

大野小学校から南に　1.1km、臼井三昧（さんまい）の共同墓地の入口にある。高さ２mの自然石。**「明治六年酉年８月12日　臼井中」**と刻まれている。右隣の草むらに高さ35センチ程の丸くて黒い石を発見！

これもまた個人農家の牛の墓なのだ。草刈りしなければ現れて来なかった。現在は８月24日に墓地同行として「おみようごさん」「六地蔵さん」「牛の墓」を一同にお参りしている。

㉟佃家がお守りしている牛の墓

―下り口―㉟

西の村三昧共同墓地の入口にある。この牛の墓は佃家《つくだけ》の敷地内にあったが、道路の拡幅工事のため現在の場所に移した。現在も佃家がおまもりしている。高さ50cmの自然石。銘文は不明。

―中津―㊱

県立香川中央高校の北裏に、薬師堂、大兎譲《だいうば》と共に建っている。香東川の石で**「昭和22年10月31日　女牛３才」**と刻まれている。薬師堂の工事をした際の寄付金額、小箱、亀井、中坪、中津、免場中の墨字が残されている。毎年中津自治会が、薬師さんのお参りの時に一緒に参拝している。

㊱中津の４免場が参拝

―行寺池―㊲

大野校区北の端、寺井の金比羅道標を西500mから堤防にのぼる。行寺池の地蔵堂の横に高さ２mの自然石。銘文は墓の裏の右側に**「明治六年六月より十一月迄　牛午（ぎゅうば）数68シス寺井村」**と刻まれている。《以上　大野風土記を参照　大野コミュニティーセンターからは案内、説明、ウォーキングマップをいただいた。》

㊲コレラで死んだ牛馬68頭を祀る

―東植田の山中―㊳

さて、今回のラストを飾る牛の塚を東植田の山中で発見。県道30号線（塩江屋島西線）公渕公園の南を東の山中に、籠池氏の倉庫がある。その裏に彼の亡き父親が80歳の時に10頭程飼育した牛への愛着から個人で建立した。

（東植田・青井氏情報）

㊳ひっそりと山中に

※惣墓の「惣」も、「寄せ墓」も牛を纏《まと》めて葬った墓標の意味。

※県下各地に明治六年建立の牛の墓が多い。

地域ごとに建立した高さ２mの自然石の牛の墓には、明治六年酉年（1873）なる文字が刻まれている。明治25年（1892)、明治33年（1900）と共に讃岐地方に牛のコレラが蔓延した年である。

※上記の立派で大きな牛の墓の周りに、小さな無銘の印的な石ころが散見される。これが本来的な牛の墓ではないだろうか。

10地域　38基　牛の墓参りを終えて――

さぬき米は、「日本一美味しい」と言われていた。ご存知だろうか、借耕牛が阿波と讃岐を往還し、讃岐平野を汗と涙で耕していた、江戸時代から昭和30年頃の話である。

しかし阿波の農民は言う。「生まれ変わっても、使い回しされる借耕牛だけにはなりとうない」と。過酷極まりない牛の犠牲の陰で，共に貧しい貸す方、借りる方両者の利害が一致し、持ちつ持たれつ、250年間この慣習は続いた。おかげで私たちは今、美味しいご飯を頂けている。牛への感謝を込めて合掌。

※使い回しとは　１軒の契約で借りているのに無断で２、３軒で使い回すこと

なお、香川県一円牛の墓は多々ありますが、只今、情報収集中。

山百合をむせ返るほど牛の墓　　宮武みどり（高松市）

炊き立てのごはんながめて思います一生懸命生きていこうと　　楠井　花乃（鳴門市）

誰のための墓標か
―讃岐農民の牛の鎮魂碑―

2021年、
夏コロナ禍の中
ぐるっと10地域38基
牛の墓参り

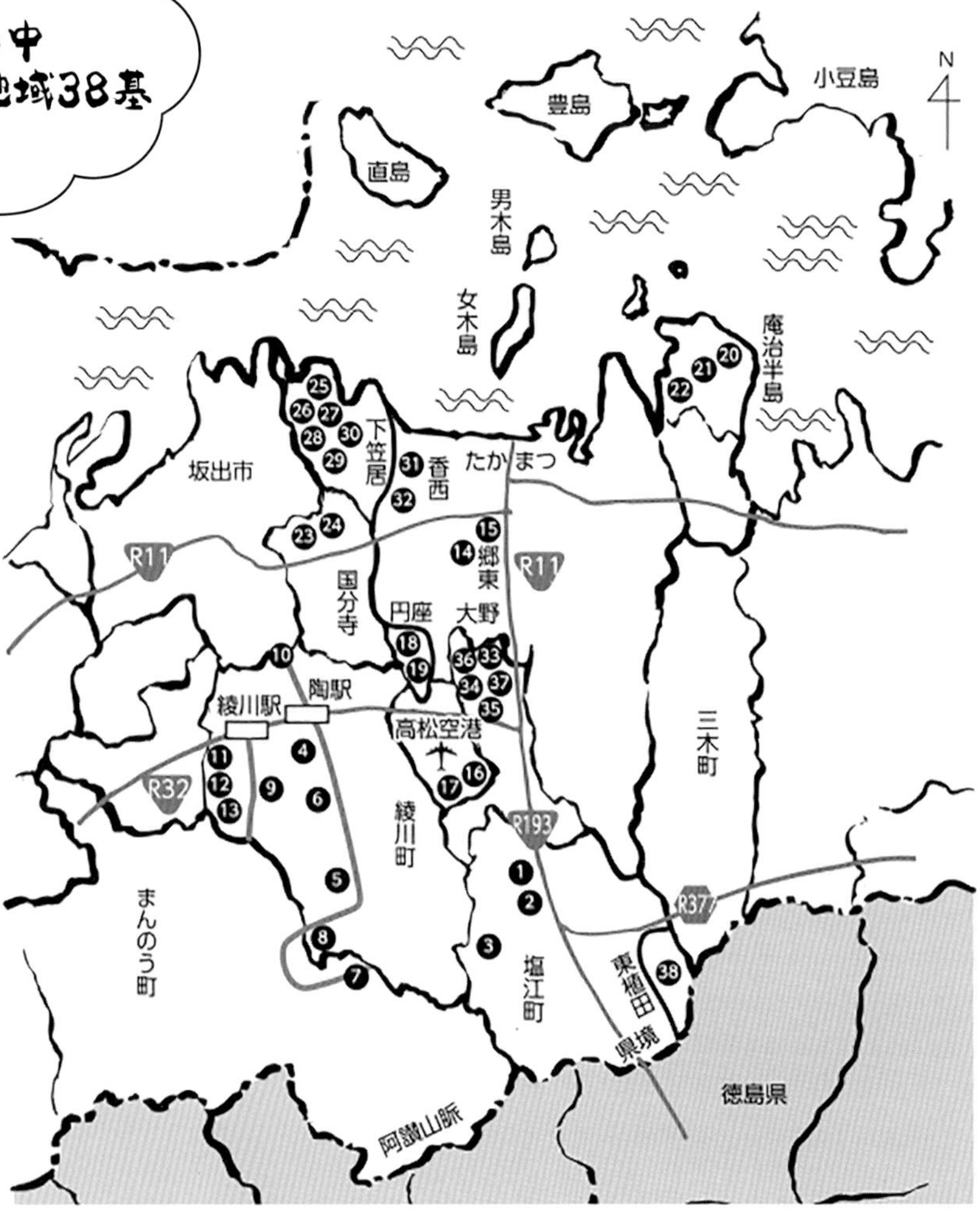

塩江町
❶塩江、安原、竹林の中で
❷塩江、安原、倒れ墓
❸内場ダム、星越峠

綾川町
❹綾川、四本桜
❺綾川、山角、借耕牛
❻西分、角ケ内
❼首切り峠の地蔵
❽牛の鳴き真似上手
❾山越えの西、飼牛
❿橘の丘、割れた墓
⓫斎田の耕牛
⓬千代号の親子
⓭主基斎田の墓

飯田町
⓮氾濫原の墓・正面
⓯郷東橋東詰めの牛馬の墓

香南町
⓰香南町岡の借耕牛の墓
⓱印の巨石がゴロゴロ

円座町
⓲堂山登山道入り口の借耕牛の墓
⓳名を轟かせた円座牛の墓

庵治町
⓴ズラリ勢揃い４基の墓
㉑古すぎて判読不明
㉒北のはずれの牛の墓

国分寺町
㉓遍路道の道標脇
㉔東奥広原の立派な牛の墓

下笠居
㉕２地域まとめて牛寄せの墓
㉖３地域まとめた惣墓
㉗一帯の谷の名も「牛の墓」
㉘地域の牛の墓大集合
㉙東に向けて建立
㉚赤牛が流れ着いた岬
㉛奉納された幕末の絵馬
㉜飯田の高地蔵さん

大野町
㉝大野口２地域の墓
㉞臼井のあちこちの墓をまとめた
㉟佃家がお守りしている牛の墓
㊱中津の４免場が参拝
㊲コレラで死んだ牛馬68頭を祀る

東植田町
㊳ひっそりと山中に

借耕牛 カリコ なぜ何故ものがたり

2007年 8月 盆の14日
まだ見ぬカリコが私をよんだ

夏の炎天下、行く先々の谷間で、渓谷で、私を迎えたのは緑の濃淡群生する白ユリだった。
かつてユリは　カリコの往還を見守っていたのだ。ひっそりと250年間。

とある人に請われ、10年前から「借耕牛」を追っていた。江戸中期から昭和45年まで続いた役牛のレンタルの歴史。

1,000頭を越す牛があえいで往還した阿讃の峠で、その夏私もあえいでいた。

牛は阿讃山脈を越えて片道50キロ。たどり着いた讃岐の農家でその夜から泥の中の役務。昼夜を問わず、近所で使いまわされ1ケ月で10キロやせた牛の帰路。骨ばった肩にくいこむ米の俵。飼い主が狂喜して待ちこがれているさぬき米。

…が、辛抱の限界、体がつき果て“ドォ”と倒れた塩江往還道。

36.7度を記録した盆の14日、山すその竹薮の中を1時間半。あきらめかけたその時、
雑木林の奥にさがしていたものはひっそりと佇んでいた。丸いそら豆形した淵の石の墓標。

「昭和卅年　牛の墓　一月十七日」

と大きく刻印されている。
ほの暗い中、涙のあふれた目にもはっきりと読みとれた。
「やっぱり逢えた。」90年の時を超えて、「借耕牛」の歴史を証明する“現物”。この腕で抱いた。抱きしめた。
石なのにそれは思いのほか軽くあたたかく、死んだ牛の哀れさそのものだった。
借耕牛を追う私の「なぜだろう」の先々に待っている淵の緑の中の純白のゆりの群生──。ある時は聖女の如く、ある時はイヴの如く私を魅了してやまなかった。借耕牛はまだ描けなかった。カリコを描けたのはまだまだ先のことだった。

阿讃県境　借耕の化身か　白ユリの咲く　　2007年8月14日　紀久子

牛の墓を見つけたその日から6年。私は白い巻紙に向かっていた。五里霧中のカリコ絵物語は、まだあ私の幻想の中に在った。タイトル?筋書き未定、下描きナシで巻頭1/3の所から描き始められた。途中で中断し、巻末のラストシーンから逆に追う。丁度まん中でストーリーがつながり、タイトルも自然の流れでできた。

あたかもトンネル工事の前と後から掘り進め、まん中でハッパをかけて貫通という具合に。

私の中の幻想のカリコがリアルになった瞬間。土器川源流が讃岐平野を曲がりくねりながら流れ、長い旅の果てに瀬戸内海にそそがれるように。

ひとはいう。なぜ、“峠を渡った家畜と少女”に、これほどまでの思いを寄せるのか──と。

15年間に蓄積した“不思議”が、せきをきったようにあふれ出す。

それはもう自分の力では止められず、筆は勝手に動き絵物語を繰り広げる。ある人はいう。それをカリコへの愛だと。阿讃越えの牛の力つき果てる史実を、描き残しておけと。

──こうして「カリコと少女」の絵巻はひとつのカタチになった。

絵巻を通して見ると「そうか、これだったんやな」と思える。カリコ研究者たちの数々の記録、カリコに関する調査と膨大な数字、とぎれとぎれの資料、体験談や述懐談。風化し始めた史実…　追われるようにそれらを拾い集め、ひとつの絵物語を紡ぎ出す。と、阿讃を背に、牛と少女が立ち現れ、ゆっくりと歩き出す。なぜか笑顔で「お母ちゃ〜ん」と呼ぶ。人々の胸のうちに蘇り、「そや、そや」「この通りや」「まちがいない」「ワシはカリコを使うた」「涙がでたー」この言葉が、カリコと少女を現出させる。ゼツメツし、マッサツされたものたちを、再生・復活させてくれる。

あの夏の日、「牛ノ墓」を見つけ出し、抱きしめて泣いた日からすべては始まった。

誰もいない急峻な風の峠道をあえぎながら進む人と牛のドラマを250年間ただただ、白ユリは見続けたのだ。
たずねたい。「あなたが見たもの、聴いたこと　教えて」と。

キャー
生後2カ月の
子牛に
チュッ！される……

兵庫県但馬
牧場公園の
牛小屋にて

カリコ紙芝居&作品展&トーク

藤の花まっ盛り岩田神社にて

高瀬 カフェ花水木
火曜お茶のみ会
満開の花の下で

太田小学校3年生
「地域の学校」
夏休みの授業

ふきおろすつめたい風と
せせらぎの音が肌を刺す
この龍王橋の下に土佐源氏はいた

キミは読んだか？
超絶ラブストーリーの
名作『土佐源氏』を

あるく･みる･きく 借耕牛《カリコ》を 描く書く話す

民俗学者 宮本常一の著書
『忘れられた日本人』の中の、かの
有名な『土佐源氏』の主人公、元馬喰！
盲目の乞食の暮らす橋を探し辿り着いた！！
涙…涙…高知県高岡郡檮原町茶や谷龍王橋にて

室新町自治会の
皆様と共に

阿讃交流の十字路

旧カリコ道を往く——

曼陀峠《まんだとうげ》　野呂内口《のろちぐち》
猪ノ鼻峠《いのはなとうげ》　東山峠《ひがしやまとうげ》
二双越《にそうごえ》　真鈴峠《ますずとうげ》
三頭峠《さんとうとうげ》　相栗峠《あいぐりとうげ》
清水峠《しみずとうげ》　境目峠《さかいめとうげ》…

徳島県 一宇村での聞きとり調査

琴平町立ギャラリー ACT で個展
保育園生などに紙芝居

ひと一人
やっとの、
けもの道。
倒木、折れ
竹、土砂崩
れがゆく手
を阻む牛
たちは満身
創痍、命が
けで越えて
いった

借耕牛 峠越え（F4号・アクリル）

新作絵巻（600×3,000・墨 彩）

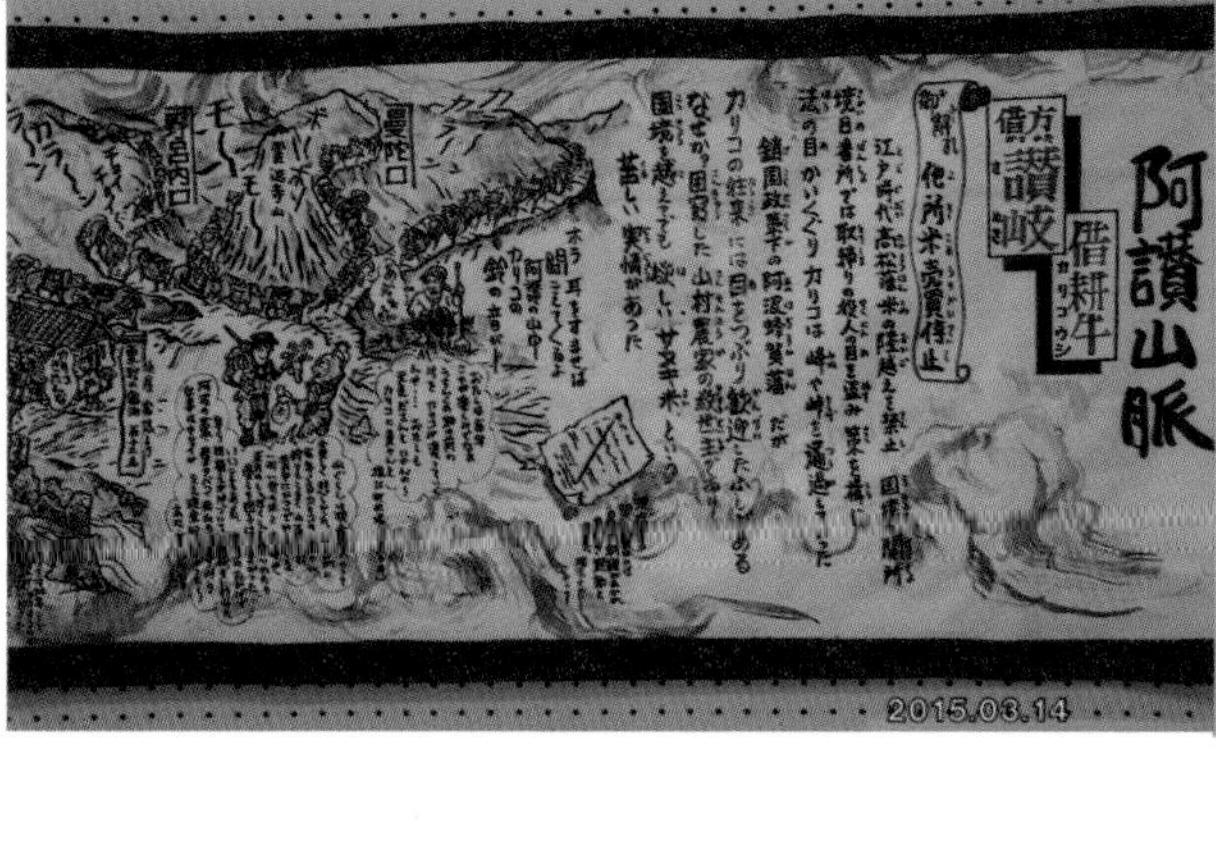

三頭峠 大鳥居の前、猿田彦（天狗）

ウズメの命（乳房地蔵）が向き合う

峠にて乳しぼる女（900×900）

紅葉《もみじ》浄《じょう》土《ど》

2016年　冨田　紀久子

F４号

阿讃山脈、山中は全山黄金色一色。
朝霧が流れて　借《かり》耕《こ》牛《うし》も牛《うし》追《お》いも形を失いおぼろげにゆらゆらと…カラーン・コローン、
鈴の音も遠くなったり近くなったり…

LOVERS

ふぶく

わらう

2017年　冨田　紀久子　作
270×220

第一回　個展《借耕牛》をめぐる風景

「オリエンタル・リリー」冨田紀久子
香川デザインギャラリー
高松シンボルタワー棟3階　かがわプラザ内
2007年8月28日（火）～9月4日（火）

2007・8/28~9/4

～ 阿讃の交流 ～

はじめて「カ・リ・コ・ウ・シ」の存在をきかされた時、
不思議で夢のある物語でした
身近かな自然や風土、慣習の中の秘められた物語…
江戸中期から続いて、そうしてすでに死んだ多くの牛たち
阿讃の峠を越えて静かに現れる 固い絆で結ばれた山人と共
人々の心を強く揺さぶり、心中の何かと共鳴する
何でだろう…ほり起こしたい

—— カリコ慣習は香川の文化遺産 ——

三豊市文化財保護協会　高瀬支部総会／講演

《借耕牛《カリコ》》に魅せられて

峠を越えて―『借耕牛《カリコ》と少女』の絵物語

平成28年4月28日　高瀬町農村環境改善センター

デザインオフィスキクコ　冨田　紀久子

はじめに

農業が機械化される以前の250年間、阿波と讃岐の峠を往還し
江戸時代から昭和まで 讃岐の“米”を支えた『借耕牛』
最盛期の昭和10年代には年間1万頭近くが
命の危険を犯して吉野川さえ渡り阿讃山脈を越えた
全国最大規模の阿讃の『借耕牛』
なぜか文献や図書、記録文書が極端に少ない
歴史や社会の教科書にも載ってない
学校や幼稚園でも、まず教師が知らない。家庭でも然り
それにしても村の中で歴史の生証人として“借耕牛”を語る人が
ほとんどいない。ちらつく「風化寸前…」の文字
これでは──
香川県民、幼子にもこの史実をあたり前に知ってほしい
そうなれば、幻想の牛たちがリアルに人々の胸の内に甦り
ゆっくりと歩き出し、私たちに大切な何かを伝えてくれる

はじまりはカルコ（借子）／阿波人《アワト》時代── 出稼ぎ人の意

藩政期　人畜共稼形態（共稼ぎの語源）
天保年間（1830～1844）製糖事業が藩の保護下で行われ
牛や人の往還に関する正確な記録が残されている── 搾汁・運搬役務で
阿波の牛が塩五升を持ち帰ったのが起こりだとしている
砂糖締小屋5500車
・この前後にすでに阿讃間の親戚、知人関係による借耕牛慣習が
始まっている。古くは室町時代との説もあるが、製糖衰退
稲作振興と共に増加していった
〈禁令〉　高松藩は米の陸越えを禁止。阿波・蜂須賀藩は
鎖国政策下で容易に阿讃間を往き来できなかった
が関所の役人の目を盗み、道なき道を迂回し、時には賄賂を贈り
時には役人を殺めることもありながらも

阿波や讃岐の特産物、米や牛や人が峠を越えていった
牛が運ぶ俵の中にスパイが潜み
槍で突いて検閲していたともいわれている
借耕牛だけでなく、阿波人の出稼ぎや砂糖締めの牛の行き来が
実際に存在している現実があった
借耕牛に関しては両藩とも黙認せざるを得ない実状であった──

慣行は、持ちつ持たれつの関係性── 需要と供給の一致

◎全国各地の借耕牛〈貸す／借りる〉

●信州地方…出稼彼馬・作馬
●北陸地方…手間馬（田島・五月馬）
●中国地方…鞍下牛（岡山・島根・鳥取・兵庫）
●福島県……マヤウマ
●奈良県……貸牛・借牛
●阿讃地方…借耕牛

※〈預ける／預かる〉

●佐賀県の預け牛
●富山県の預け馬
●大阪府のアズケ牛
●香川県塩江町の山間にもみられる

農繁期の仕事を終えた平野部農家の牛馬を
夏の間過ごしやすい山間部の農家へ預ける
預かった山間の家々では牛馬を草刈りや運搬、肥コエ踏み
厩肥《キュウヒ》をとったりした。双方メリットがあり報酬は支払わない場合が多かった

なぜ? そんなにしてまで峠を越えるの?

阿波側は高価で「日本一おいしい　さぬき米」への執着
讃岐側は人と牛による「労働力」を必要としていた
ひっ迫している両県　農民にとって阿讃をまたぐ交易は
まさに命綱ともいえるものであった── たとえ法令違反だとしても

なぜ? 借耕牛の衰退── 機械化以前からそれは進行していた

戦前・戦時中は食糧統制により米の取引が中止され
牛の飼育自体が困難となり農機具の利用が増え牛の数が減少
●昭和16年（1941）「かりこ牛移動統制協議会」なる行政機関、設置ー
博労の仲介を排除、徳島・香川の農会が斡旋──
貸方農家が貸し出しを嫌がるように
（事故の代償額激安）→貸出希望者、激減
●昭和19年（1944）徳島県が「農業生産統制令」を出し
畜牛の県外移出を禁止── 借耕牛慣行一時姿を消す
●昭和20年（1945）第一次農地改革── 農地開放

●昭和24年（1949）金子正則元県知事の有畜産農家資金の拠出

自家で複数の牛を飼う畜産農家への振興

●昭和25年（1950）香川・徳島両農協が「借耕牛復活」

牛の取引に契約書と保証人必要に

●昭和28年（1953）トラックに牛をつみこみ峠を越えるようになる

●昭和30年代　耕耘機普及…序々に頭数減る

●昭和45年（1970）政府の減反政策　1・2頭が峠越えし、その姿を消す

なぜ? カリコが伝承されなかったか。5つの理由

①貧しさのシンボル――体裁が悪い?

②人間優先の残酷物語――“もう時効やけん、云うが…”

③家畜を商なう――身分制度・士農工商 etc…

④法令違反――法の目をかいくぐり行き来した牛――文書を残さない

⑤政治・経済・農業構造基盤の問題点

なぜ? 魅了されていったか――　人は何を求めて動くのか

①聞き取り調査で出会ったカリコ体験の女性たちに衝撃――

（徳島県三好市、香川県まんのう町）→野枝の原形

②2007年　盆の14日、よばれるように向かった塩江・安原、山中の竹薮で

カリコの墓と遭遇――

③調べれば、調べるほど、峠を歩けば歩くほど

阿讃を越えた牛と人の虐げられた歴史を知る

④人が懸命にその時代を生きた証を野枝とアカに託して知らせたい

⑤――そこから拡がる、深まる、結ばれる、阿讃交流のジオパーク

（地球・地型・歴史・民俗・宗教・思想）奥深い魅力に目覚める

●仲介業者は――250年間続いたカリコ慣習の立役者

博労・馬喰・仲介人・世話人・家畜商・仲立《ナカダチ》・牛追い・仲追《ナカオイ》・オイコ

などとよばれ貸借に関する手続きを一手に引き受けていた――

牛のスペシャリストで仲人もした。――信用厚い

●農業試験場調査／大正初年3,000頭　昭和5年5,000頭

昭和5年～10年8,000頭～8,500頭――全盛期

●首切り峠――諸説あるが…綾上町と琴南町の境目

●墓ゴロゴロ――山中、竹林、雑木林の中で墓 発見・塩江相栗峠

●讃岐男に阿波女――塩江“谷岡食堂のご夫婦”他

●借耕牛のレリーフ――琴南地区明神・落合橋の欄干

おわりに

はじめて「カ・リ・コ・ウ・シ」の存在をきかされた時、
不思議で夢のある物語でした
身近かな自然や風土、慣習の中の秘められた物語…
江戸中期から続いて、そうしてすでに死んだ多くの牛たちが
阿讃の峠を越えて静かに現れる　固い絆で結ばれた山人と共に―
人々の心を強く揺さぶり、心中の何かと共鳴する
何でだろう…ほり起こしたい

――― カリコ慣習は香川の文化遺産 ―――

日本の農村、農業、農民は、社会の産業・文化のすべての生みの親です。
そのお百姓さんの労働を支えたのは“牛”です。

郷土の貴重な史実、魅力的な価値ある遺産の意味を
まず地元民が理解したい
地元の様々な他の史実や文化遺産を互いに英知を結集して関連づける
物語性をもった分かりやすい説明や多様な背景や魅力を
借耕牛の碑やオブジェで発信したい
学者や専門家だけにとどまらず、
住民の共感が得られれば独自の郷土愛・強い絆が生まれるにちがいない
未来に伝え、永遠にのこしたいカリコ物語

カリコのきた道

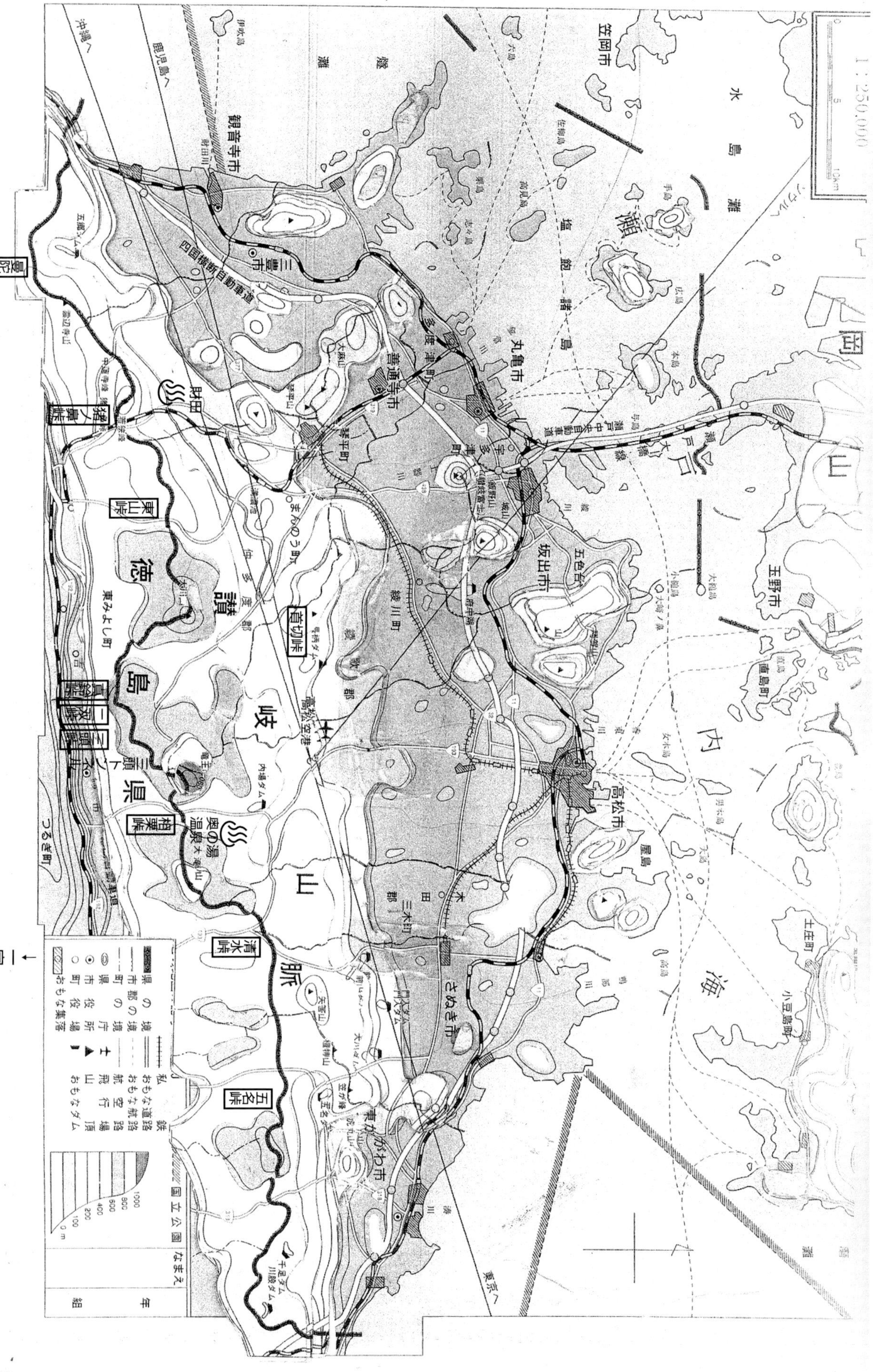

観音寺市
三豊市
丸亀市
善通寺市
多度津町
宇多津町
琴平町
まんのう町
坂出市
綾川町
高松市
三木町
さぬき市
東かがわ市
直島町
土庄町
小豆島町
玉野市
笠岡市
水島灘
燧灘
塩飽諸島
瀬戸内海
讃岐山脈
徳島県
曼陀峠
猪ノ鼻峠
東山峠
相栗峠
清水峠
五名峠
四国横断自動車道
瀬戸中央自動車道
瀬戸大橋線
高松空港
財田
東みよし町
つるぎ町
沖縄へ
鹿児島へ
東京へ
一宇村へ
県の境
市郡の境
町の境
県庁
市役所
町役場
おもな集落
おもな道路
おもな航路
飛行場
山頂
おもなダム
国立公園

借耕牛さぬき春耕図「五穀豊穣」 ミクストメディア 2017
850×650　和紙

丑には「寒気が和らぐのを待って手をあげて仕事をやり始める」という意味がある（大漢和辞典による）

ー活動報告ー

KARIKO'S NEWS 2014

届けます―愛

カンカン!
紙芝居
はじまるよ♪

春

●RNC ラジオ「植松おさみ気ままにラジオ」生出演＝カリコ・トーク●DVD 完成●琴・善倫理法人会「DVD＆発表」琴グランド H●香川県民俗学会４月例会「DVD＆発表」高松市中央図書館●香川県リハビリセンターロビー展「絵巻＆パネル絵」●まんのう高齢者学級「DVD＆カリコの来た村講話」琴南公民館●セトラ高松ギャラリー「パネル絵 34 景展」

夏

●FM 香川「こけし・はやしの課外授業」カリコ・トーク
●114B・K 琴平支店ロビー展＝絵巻広報用ビデオに●女子美ワークショップ<モビール>高松市美術館
●第 41 回高松市民美術展「花はなかげ陰」出品

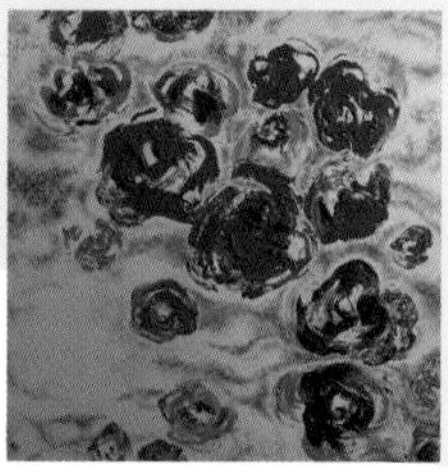

◀「花はなかげ陰」
カリコと少女に捧げる鎮魂の花々

秋

●セトラ高松ギャラリーカリコパネル絵 34 景
●香川 B・K 本店ロビー展＝墨彩絵巻＆パネル
●RNC ラジオ生出演＝カリコトーク●114B・K 東支店ロビー展＝絵巻＆パネル

冬

●「カリコと少女」紙芝居完成
●セトラ高松文化講座＝紙芝居＆講話●香川県美術家協会展「驟雨のイヴ」出展

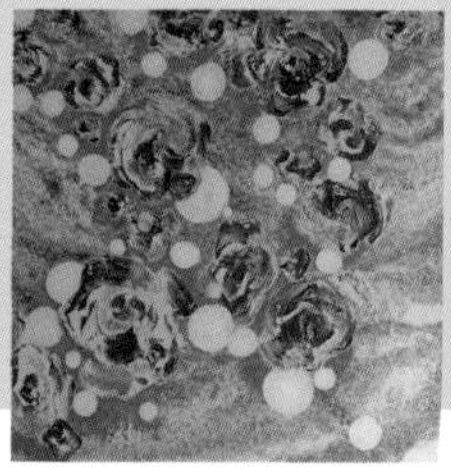

「驟雨のイヴ」▶
過酷な峠越えに挑む「カリコと少女」に気まぐれな驟雨が降りしきる

2015年

●三木町老人大学＝DVD＆講話文化交流プラザ●第 6 回女子美香川支部展＝カリコと少女 vol. 3 墨彩絵巻（予定）●香川県美術家協会＝三越小品店「阿讃越え」出品●香川民俗学会 77 号記念会報誌「表紙絵」＆「カリコに捧げる鎮魂歌」寄稿

借耕牛 紙芝居・トーク・絵画展 2018年活動ご報告

1月　こと比ら〈73号〉借耕牛絵物語〈2〉ー讃岐春秋ー
三越小品展アクリル4号「Lovers」
2月　カリコと少女34景RNCセトラ　ギャラリー個展
讃岐竜馬会塩飽社中「カリコと少女」 坂出サザンクロス
3月　室新町自治会
4月　牟礼コミセン
高瀬町 花水木茶のみ会
岩田神社
カリコ取材 三谷町 十河忠男氏(92歳)
5月　香川県民俗学会 例会
カリコ取材 室新町　斉藤トヨ子氏(92歳)
6月　協同病院
カリコ取材 綾川前町長 藤井 賢氏(89歳)

7月　太田コミセン・地域の学校〈小三〉
カリコ取材 東植田 久保トミ子氏(96歳)
8月　協同病院
瓦町FLAG8F市民交流プラザ ″風の香り絵画展″
9月　2019年版カレンダーイラスト制作〈13枚〉
10月　こと比ら〈74号〉原稿執筆　　未来に伝え永遠に残したい「カリコ物語」〈3〉
琴平町立ギャラリー「ACTことひら」での1カ月
11月　協同病院
中央病院患者会
高松女子会
カリコ取材 高松観光通り　猪熊佳孝氏(100歳)

行って、聞いて、書いて、描いて〜
紙芝居はアメをなめなめ楽しく。
観客の皆さんと双方向の“カリコ対話”です。
本年もみなさまのもとへ駆け参じます 。どうか、ご一報を。
どうぞよろしくお願いいたします。

毎日新聞

25 香川 2013年(平成25年)1月14日(月)

香川

支局長からの手紙

カリコ

「借耕牛《かりこうし》を、描いてみない？ あなたなら描けると思って」。15年ほど前、デザイナーの冨田紀久子さん(68)＝高松市＝は知人から、〝宿題〟を負わされました。「かりこうしって、なに」。最初はそんな状態でした。たきつけた知人は「調べると、きっと、心を打つ物語が隠されていると思うから」と、思わせぶりに話したといいます。

ようやく完成させたのが、絵巻物語「カリコと少女」です。縦60㌢、横560㌢の絵巻を2巻に分けています。先月、高松市内で開かれた母校の作品展に出品しました。

借耕牛は、農繁期に、讃岐（香川県）の農村へと阿波（徳島県）の山村から借りてこられた耕作牛です。田おこしや田植え、麦まきの際などに使われました。讃岐側の小規模な農家は、作業に必要な牛を飼うことができません。一方、阿波側は米作りなどができる田がほとんどないものの、放牧ができる草地がたくさんあり牛の飼育がさかんだったので、両者の間で貸し借りが成立しました。レンタル料は当初、収穫した米でした。このため、阿波側では「米取り牛」と呼んだそうです。

借耕牛の起源は、さだかではありません。でも、江戸時代中・後期には始まっており、明治、大正、昭和の戦前期と続きます。最盛期には年間約8500頭を数えたそうです。春～初夏や秋には、讃岐山脈のそれぞれの峠道を進む牛の行列が風物詩のようになっていたそうです。しかし、戦後、農業の機械化で衰退し、昭和40年代には姿を消しました。

夫の章二郎さん(72)、長男の幸宏さん(42)らと切り盛りするデザイン事務所の仕事の合間を縫って、冨田さんは、借耕牛について郷土史や研究書などを丹念にあたりました。また、借耕牛が通った山の峠道を訪ねたり、この慣行を記憶しているお年寄りに聞き取り調査もし、イメージを膨らませました。峠道の近くでは、牛のお墓も見つけました。讃岐山脈には、耕作疲れで、古里の阿波の山村に戻ることができなかった牛の供養をした墓が複数あるそうです。

「カリコと少女」は、子牛を出産後すぐに讃岐に赴いた牛のアカと、心配になって付き添い、ともに農家で働いた少女の野枝の健気《けなげ》に生きた〝2人〟の物語です。野枝とアカを通じて、讃岐、阿波双方の人々の暮らしを支え合った慣行が浮き彫りになります。「そんな歴史を多くの人たちに知ってもらいたいと思って。懸命に生きていたんだと。今に生きる人への応援歌のつもりです」。冨田さんはそう話します。

今のできあがりに満足していません。描き直しを続けたいと話しています。

【高松支局長・土居和弘】

支局長からの手紙

その後の「カリコ」

1年3カ月ぶりに、「野枝とアカ」に再会しました。場所は、高松市田村町の「かがわ総合リハビリテーションセンター」にある福祉センターです。1階ロビーで、デザイナーの冨田紀久子さん(69)=高松市=による「峠を越えて　カリコと少女」展が開かれていました。

農繁期の耕作のために、阿波の山村から讃岐の農村へと借りてこられた牛は、借耕牛《かりこうし》と呼ばれました。江戸時代中後期には始まっていたとされる慣行で、昭和40年代まで続きます。春から初夏にかけてや秋に、讃岐山脈の峠道には博労の「ボー、ボー」というかけ声とともに進む牛の行列が見られたそうです。

冨田さんは資料を丹念にあたり、聞き取り調査などもしてイメージを膨らませて、絵巻物語「カリコと少女」を完成させます。そのことを、この欄（昨年1月14日付）で紹介しました。出産後すぐに讃岐に赴いた牛のアカと、心配して付き添い、一緒に農家で働いた少女、野枝の健気な物語です。物語を通じて、讃岐、阿波の人々が暮らしを支え合ってきたことが浮き彫りになります。

今回の展覧会には、その絵巻とともに、一つ一つのシーンに描き分けた絵画パネルも同時に出品されています。こちらは紙芝居風です。

絵巻は25景でしたが、絵画は34景に増えています。この描き分けた絵画パネル34枚は、三木町文化交流プラザの屋上にも、展示されています。昨年10月に、三木町内の公民館で、絵巻を展示したのが縁となって、プラザ側から依頼があったそうです。

福祉センターの会場でも、車椅子のお年寄りが、自分の見聞きした借耕牛の記憶を、冨田さんらに熱心に話していました。高齢の方を中心に、それぞれが借耕牛の物語を持っているように思います。

「その後も、いろいろな話を聞くうちに描きたいことが増えてきて。借耕牛に関係した人の物語をもっと残したい」。冨田さんは話します。「まだまだ、出来上がりに満足していない」。前回、取材したときに、そう話していたことを思い出しました。

冨田さんは「カリコと少女」を冊子にもまとめています。現在は2部ですが、将来はもっと印刷して、児童図書館などの寄贈できればと考えています。「人が懸命に生きる証しを、野枝とアカを通じてもっと、もっと知らせたい」。冨田さんは意気込んでいます。

×　×　×

「カリコと少女」の福祉センターでの展示は24日まで。続いて26日~5月25日、高松市福岡町2のRNC総合住宅展示場セトラ高松・インフォメーションセンターで開かれる予定です。

【高松支局長・土居和弘】

2014年4月21日　毎日新聞掲載

──単なる懐古としてではなく現在につながる問題として──

『カリコ牛採集と宮本民俗学』

2019.3.16(土)
香川民俗学会　総会
研究発表
冨田紀久子

これからのカリコ牛と民俗学

民俗学とは、すぐれた庶民の叡智を発掘する仕事である。先輩諸氏に見習って私も聞書をしている。

ー1965年に書き留められた宮本常一のセリフにギョッとさせられる。

『だから　民俗学も、もう古老たちの聞き書きを中心にして資料を採集する時代はなかば過ぎ去った』ーそれから60年近い歳月がすぎた。

しかしカリコ牛見なくなって55年がたち当時を知る人は今やほとんどいない。10人あたって1人に内容のある話を聞ける程の確率であるが、それでも良しとしている。


宮本常一も民俗学の原点といえる言葉を残している(旅の巨人)

ー私の一番知りたいことは今日の文化を築き上げてきた生産者のエネルギーというものが、どうゆう人間関係や環境の中から生まれ出てきたか　ということである。


2015.8月発行の『驚きの介護民俗学』六車由美著はすまいるホームなる介護の現場に民俗学の「聞き書き」の手法を取り入れた。──社会福祉士、介護福祉士、介護支援専門員の資格をもつ若者はホームの一員一員として介護の世界を劇的に変えたのだ。

民俗研究者として聞き書きの決野へと分け入る喜び──介護の現場というより寄合が大所帯所の家族──穏やかで愉し気な日常風景の中で聞き取る。

聞ける時にはいつでも聞き書きする。送迎中、昼休み、午後のリクリエーション中　まわりも加わってくる。
・「すまいるホーム」の報告にはこれからの民俗学の可能性をみる。
・名もないひそやかな人生「生きる」とはその可能性の限界を試してみるということではないか。
・カリコを・通して物事を見ると、
俳優　坂本長利は26歳で「土佐源氏」を知りろうそくとゴザをもって88歳の今まで全国1,600ヶ所　梼原でも5〜6回を独演して一人芝居を続けている。〝こけの一念〟というか私も紙芝居を携えて一人興行を数年来しているがよく似た人もいるもんだ。こうやってこつこつ広めていくのも　宮本流のやり方、宮本の「精神」に合致しているのだと活動の基本に据えてきた。
・「民俗学とは」・『日本人とは』ー日本人らしい、日本の特長を考える学問だという。
・日本の魅力に自信をもつこと。日本文化は人類史の素晴らしい達成の一つ。170年前から今も外国人が魅了され続けている風俗・絵画等。
・奥の細道に分けいった芭蕉は殺風景な東北の自然の中の、何のこともない石碑に『文字』が彫られているのに感激したとあった。
その記述内容は凡庸。しかし、そこに「文字』が刻まれ「残され」「今」に至ること自体に感動したのだ。

芭蕉は5・7・5という最も短い17文字の表現で、永遠に私達のそばにいる。ことばを残す──

──「記憶されたものだけが、記録に留められる」ー「記録されたものしか、記憶にとどめられない」
3.11東北地震8年目の今日TVで現地の様子が映しだされた。「国破れて山河あり」とは昔のことば。地震・津波後は山河も破れ、破壊された。そこに人々は「ことば」を石碑に刻みつけ、鎮魂の想いを託すー〝永遠に忘れまい。残すと。〟

春の風　借耕牛無き　この世かな
私は借耕牛を見たことがない。しかしNHK TV S25の映像で借耕牛の黒々とした巨体が阿讃の峠に出現する。生きた借耕牛を見た時は歓びに震えた。やっぱりいた。記録されたものが、再現され私たちに歴史の闇に葬り去られようとする教えてくれる。記憶に留めてくれる。今また宮本常一評価の風が吹きはじめてきたと思う。

──序──
香川の民俗30周年記念復刻版より──中原耕男H8.1.27
ここには「ふるさと讃岐人の暮らしぶり」の姿がつめこまれている。
今なお生き続けている習俗のエネルギー源は何なのか。
──今、自分はどう生きるべきか
1966年～53年間の香川民俗学会会報の中でこの間、借耕牛がでてきたのはわずか3回、私が入会する直前、卒業論文で「借耕牛」をテーマとした地元、綾川 出身の女子大生の発表があったと会長から聞かされた。なぜとりあげられていないのか?私は不思議に思った。
・香川と徳島を結ぶ250年にわたる歴史の事実、香川農業の今を支えたカリコ牛の姿を文字にし本業の絵巻物にし紙芝居・絵で伝えねばと。宮本常一のことば「記憶されたものだけが記憶にとどめられる。」佐野眞一はそれを反転して、「記録されたものしか記憶にとどめられない。」ノンフィクションライターとしての書く際の座右の銘にしている。

本日の発表
はじめに──
1、借耕牛を追って──グラフィックデザイナーとしての出会いから採集まで
〈コピー新聞記事　参照〉
2、私と宮本常一　宮本常一略年譜より
　Q&A──10分

3、宮本常一の代表作「寺川夜話」「土佐源氏」の舞台土佐山中を行く
4、これからのカリコ牛と民俗学──現在につながる問題点として
　Q&A──10分

宮本民俗学の代表作ー「忘れられた日本人」の中の四国・土佐山中が舞台となった地を訪ねる。
『土佐寺川夜話』ー
「ローカルバスの終点へ」宮脇俊三著(紀行文)
この本では吉野源流の地、本川村・寺川を2016年5月14・１5日バスで訪ねたという。道路の詳細な記述を読んで、友人とともにここまで車で行ったのです。
江戸時代から17軒で山守りし、今はどうなっているのかと。限界集落か?案の定バスも小学校もなくなっていた。伊予との境にあって、大事な見はり場所だったという。17軒の村は山の上にあり寺川の東の越裏門(えりもん)に番人庄屋がおり、今もそこで野武士の面影を残す男が骨董屋を営み、高知市内からの通い妻が山野草の盆栽の鉢を商っていた。本川村・寺川ーここは吉野川源流地点。高速道の大豊I.Cからは下道でさめうらダムを左に見ながら大川村、本川村、長沢ダムを右に見ながら原始林の脇のカーブを走り抜ける。深い山がおおいかぶさり一方は断崖で吉野川が。行けども行けども森の魔の手がのびてきて誘い込まれる恐怖と戦いながら2時間で致達。
「土佐寺川夜話」のレプラ患者の通る山中のカツタイ道を実感した。越裏門の番人、庄屋の末裔とその通い妻の話は十分に聞けなかった。しかし、名刺交換し、連絡も場所も分かり、「いつでもどうぞ」とおっしゃってくれるので「次回」に。すでに夕闇が迫っていた。

『土佐源氏』ー宮本常一の聖地　土佐梼原《ゆすはら》町茶《ちゃ》や谷《だに》竜王橋へ

2019年3月2・3日
案内人もなく、ただ地図を片手に〝梼原へ〟の思いで友人と車を走らせた。
梼原町に着いても〝ばくろ〟あがりの乞食が住みついた橋の下のむしろで囲った小屋が今あるとは思えない。
町で聞いても30分かかる細道で危ないといわれる。道標や標示板などは一切ない。しかし〝神に導かれるように〟行きつ戻りつしながらもその橋に辿り着いた。竜王橋、昔古いモノクロの写真を見たことがあり、そっくりだ。しかしその場所は山から吹き下ろす冷たい風、川の流れが凍てつく程。30分程たたずむだけで凍りつきそうになる。
──これじゃあ乞食でも遍路《へんど》でもこんな橋の下には住めるはずがない。宮本常一の半分フィクション説、半分創作だというのもうなづける。かの岡本太郎曰くー〝モノローグ(独白)がすばらしいね…これはあなたが採集されたんじゃないでしょう〟宮本「私がやったんです。」ー記憶による記述なのだ。〝すばらしいですね。あらゆる小説よりも素晴らしい小説です〟
S30.ー土佐乞食のいろざんげ
S34.ー土佐梼原の乞食～事実、採集をそのまま記述した「民俗誌」・「生活誌」との立場を固守した。
S35.ー土佐源氏　宮本の「文学」に懸ける夢と「民俗学」との一回限りの出会いが生みだした正に類いまれな作品
ーー瞬の輝き
どうしても宮本民俗学の代表作といわれる地に行きたかった」。四国の山中を巡ったという彼の足あとを辿った。

～強固な偏見と差別の中でも、堂々と馬喰人生を生きた女性とその娘に、この稿を捧げる～

讃岐の女《おんな》馬喰《ばくろう》さん

2021.6.27　香川民俗学会　6月例会　発表者　冨田 紀久子

発表の場であり、双方向の議論の場であり、情報交換の場。忌憚のない意見をー

日本民俗大辞典によると「博労・伯楽」-馬喰とも書く。伯楽から転じて、馬の善悪を鑑定する人。馬の病気を治す人。また馬を売買、斡旋する人。　　「伯楽」-中国古代の、馬を鑑定することに巧みで、よく馬の良否を見分ける者。また、馬医。転じて人物を見抜く眼力のある人—ばくろう

言い方いろいろ: 家畜商・家畜仲買人・世話人・斡旋人・仲介人・仲買人・牛ばくろ・ばくら（大・中・小）バクロウヤサン・ハクラク（長野県）

1）2020/3/21、香川民俗学会3月例会発表者として　最後の馬喰　四代目　三木　保氏本人への聞き取り調査で構成した。　馬喰≠差別用語　理事会・例会で討議の上使用。
2020・03/20　NHKファミリーヒストリー　古舘伊知郎編「曽祖父は、ばくろう」と解説された。

S33発行 円座村史 県下初本格的な牛市場を開設。牛馬仲介商人14名、県下にて　もその名を轟かせて、と、実名で記されている

●「香川の民俗」82号掲載の—讃岐の女馬喰—本論にはいります

読んで頂きましたか？　　　読まれてない方、いらっしゃいますか？
【女馬喰さんの当時のことを、正確に伝えることが大事であると考え、取材で聞いたそのままを文章化。但し、個人の尊厳に関わると判断した場合削除した】

2）何故、このテーマを取り上げたか？
明らかにしたい個人情報・差別用語に抵触するような問題点はあるか？

3）取材拒否　● フィールドに出てゆく時は　「ラ・ポール」
●口止め・玄関払い・誤魔化す・本人が逃げ隠れする・家族が拒否する

【女馬喰さんうちにも おつたで　聞いたこと あるわ】いう人 いませんか？
私が確認した・　東、西植田　菅沢　三木町小蓑　飯山にはいらっしゃった。

馬喰さんって どんな人？　　世間一般で言われている馬喰像とは、女馬喰像とは
差別用語　　　　士農工商○○・・・・いつから、だれが、何のため
正徳元年(1711—1716)5/1　僧侶、神職, えたひにんetc.52職

4）　　Q&A

只今、取材・採集中—牛の墓参り（塩江、綾川、庵治、香西、国分寺、下笠居、香南町）
女馬喰part2　牛飼い人生…　　　　　●なんからでも　情報を下さい

牛たちの阿讃越え　望郷
2015年　冨田　紀久子

阿讃山脈八つの峠、春秋に姿を現わす数千頭の牛の
群れ、延々と続く急峻な峠越え。
一歩一歩進む先は過酷な労働が待っている讃岐平野。
生きて戻れぬかもしれぬ―
ふり返りふるさと阿波を望む
この慣行は250年間続いた。

香川の農業支えた風習

「借耕牛」紙芝居風に再現

三木町文化交流プラザにパネル34枚

農繁期になると徳島から耕作用の牛を香川に連れてきた「借耕牛《かりこうし》」を紙芝居風に紹介するパネルが、三木町鹿伏の町文化交流プラザの屋上広場に設置された。江戸中期から250年間にわたって続けられ、香川の農業を支えた風習を34枚のパネルが柔らかなタッチで分かりやすく伝えている。

「借耕牛」を紹介するパネルが設置された屋上広場＝三木町鹿伏、町文化交流プラザ

「借耕牛」を紹介しているパネル

開館当初、庭園として利用していた屋上広場をリニューアルしようと、同プラザが池戸公民館に借耕牛の絵巻を展示していた冨田紀久子さん(69)＝高松市今里町＝にパネルの作成を依頼した。

パネルは縦1・1㍍、幅90㌢でアルミ複合板製。水彩やクレヨンなどで描いた原画を拡大して制作。屋上外周の柱部分に設置した。

34枚のパネルは、主人公の女の子が耕作牛と一緒に阿讃山脈を越えてくるという物語を描いており、子どもにも分かりやすいように漢字には振り仮名を付けている。また、同町鹿庭であった牛市のにぎわいや、わらじを履いて急峻《きゅうしゅん》な坂道を進む牛の姿などの史実も描き込んでいる。

パネルは2、3の両日の文化祭で町民らにお披露目された。冨田さんは「（展示場所は）かつて牛が通った阿讃山脈を眺められる絶好のロケーション。香川の農業文化に関心を持ってもらえたら」と話している。

屋上広場は現在、出入り口の段差がきついため立ち入り禁止にしているが、同プラザは本年度中に改修を行い、一般公開するとしている。

2013年11月８日　四国新聞掲載

四国新聞　2021.2.8付

語り継ぐ

丑年に「借耕牛」思う

高松市・冨田　紀久子・76歳

大漢和辞典によると、丑には「寒気が和らぐのを待って、手をあげて仕事をやり始める」意味がある。

古来より牛は霊獣とされ、正月元日の朝、牛舎の牛の寝姿で頭の向いた方角が、正月神の方角と信じられていた。農耕用では天神さんのお使いとして、臥牛石像が神前に祭られている。

かつて讃岐は日本一の米どころといわれた。これは借耕牛の労働のおかげといえる。阿波と讃岐の峠を農繁期に往還し、江戸時代から昭和まで、250年にわたり讃岐の農業を支えた。労働は過酷で、戻る頃にはやせ細り力尽きて倒れる牛も少なくなかった。

最盛期8500頭が峠を越えたが、昭和45年、米の減反や機械化でその姿を消した。

両県の長い借耕牛慣習で培った信用や固い絆は、渇水にあえぐ命の水、香川用水となって、友好は続く。

また語源に、家畜と人が共に稼ぎに出る「共稼ぎ」、借耕牛の仲介人の信用で成立した婚姻「讃岐男に阿波女」は今に生きている。

しかし昨今、借耕牛の史実を知る人が少なくなった。そこで私は地元の子どもや高齢者に、「ちょっと昔の話、ほんまにあった話なんよ」と借耕牛の紙芝居を披露している。

命懸けで讃岐の農業を支えた借耕牛の存在を、コロナ禍を生きる現代人へのエールとして語り継いでゆきたい。

2021年２月８日　四国新聞掲載

おわりに

本当に不思議な邂逅だった。30年前、「借耕牛」を知って研究し始めたがその全貌が難解で掴めず、長いあいだ絵画制作に至らなかった。描けたのは、14年前山中の牛の墓と奇跡的に遭遇したことだった。その墓を抱いて、墓石から思いの丈をたっぷりと聞かせて貰った。その翌日から創作活動はスタートした。

……絵巻物、紙芝居、油彩画、個展、県展、グループ展。併走して阿讃山脈を超える8つの峠の現地調査、借耕牛産出地での取材、往還道や峠越え、讃岐での壮絶極まる牛と人の格闘、借耕牛残酷物語。そして行き着いた四代目最後の馬喰・讃岐塩江女馬喰三好ちかの取材と執筆——その間も要請に応えて西へ東へ、紙芝居片手に駆け参じた。

ここまで私を引っ張り続け、励まし併走してくれた牛たちの最期を見届けたいと、最後に 牛の墓参り10地域、38基の墓を巡った。ほとんどは山中で雑草に埋もれ人目につかない場所に居た。

恐ろしいのは、谷全部が、牛を葬って、「牛の墓」とよばれていた地区の事だ。病気や怪我、老衰で働けない牛たちの最期に連れていって葬った場所があったのだ。まるで姥捨て山のように……

また、一頭一頭の小さな墓を地域でまとめ、大きな惣墓や寄せ墓として、小さな墓を周りに集めて共同墓地の入口などに建立し盆などのお詣りを続けていた。地域や個人の浄財で建てられた牛の墓からはそれぞれに強いメッセージが発っせられていた。多々あったがそこには、人の牛へのいたわり、深い思い入れが滲んでいた。これらの墓標は、農民と牛たちが、田圃の泥土の中で何十年も何百年も格闘して来た、残酷物語とも言われる史実を、後世に伝えたい、残したい証ではないだろうか。

それらを確と見届けお詣りして、ひとまず30年の研究に区切りをつけることとする。

これはひとえに、 借耕牛の存在を私に教えて下さったひとに始まり、取材・研究中に出会った多くの方々、貴重な資料や参考品、アドバイス、支援を頂いた賜物である。

また、この本の完成を初期の頃から期待されお待ち頂いていた方々には、やっとお届けする運びとなり感謝に堪えない。

2021年12月 丑年　コロナ禍のもと　　冨田 紀久子 拝

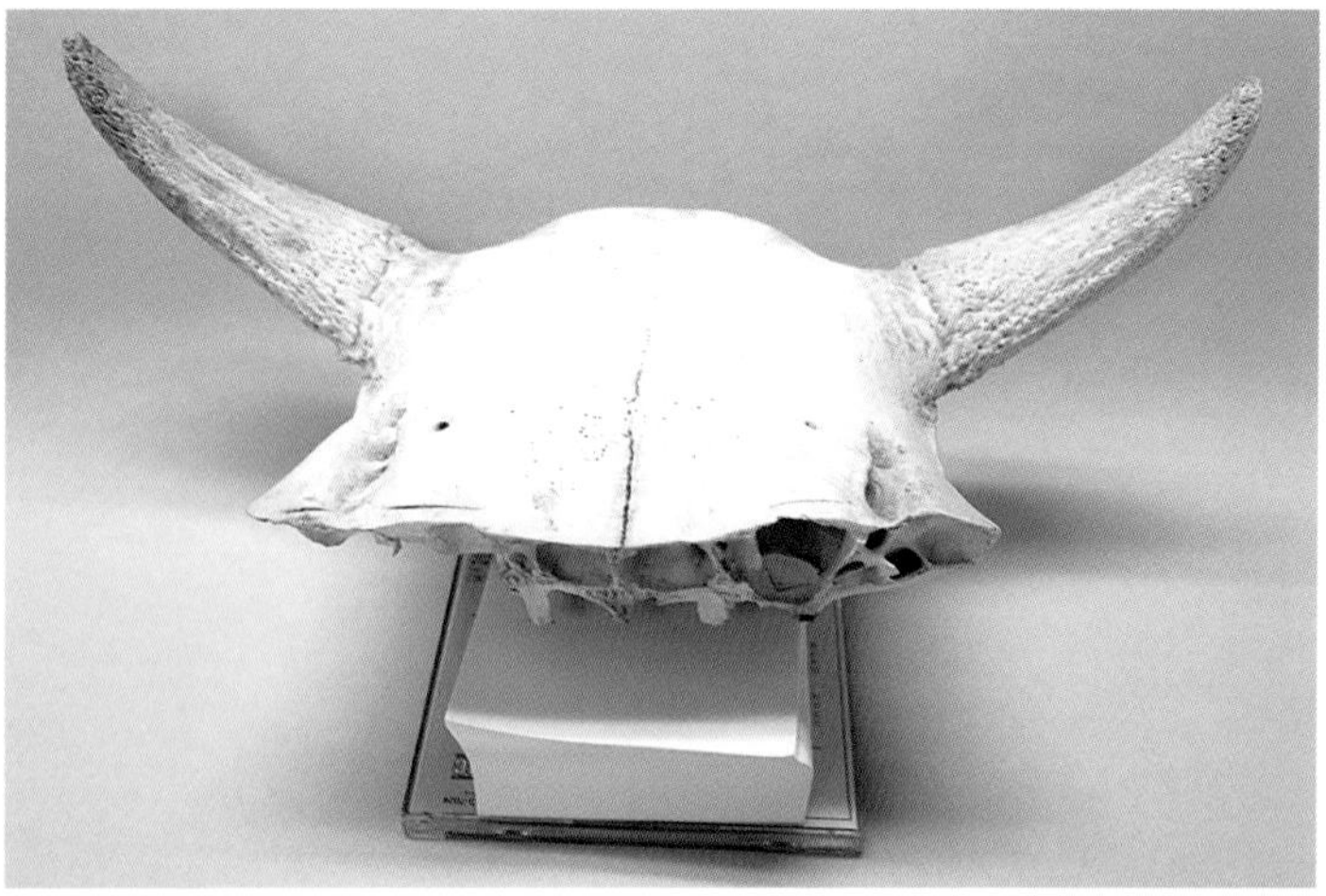

牛の頭骨

この頭骨は、50年前獣医大学で授業の一環として、出産・生育された牡牛のもの。2才で、解剖実習・骨格標本の学習などに使われた。学生の卒業後は、香川の実家に持ち帰られ保管された。2021年5月借耕牛研究中の冨田紀久子に寄贈された。

私の願い──「カリコ慣習」の映画化と香川県無形文化遺産指定

香川と徳島をへだてる阿讃山脈、その八つの峠を越えてくる数千頭の牛がいた。

かつての春と秋、牛は峠のむこうから姿を現し徐々に増え、隊列を組み、険しい山道を上り下りし、讃岐平野をめざす。山の峰に出たり、谷川に添うて進みもするが、大半は鬱蒼《うっそう》とした樹木に覆《おお》われその姿を見た者はいない──── 。ただ「モォ～… モォ～…」「カラ～ン・カラ～ン」が谺《こだま》するのみである。

阿讃山脈の山なみ、東西95Km・巾最大19Km、繰り広げられる牛たちの大パノラマ…、かつて誰も俯《ふ》瞰《かん》して見ることが出来なかっただろう光景……
あの、**世界のクロサワ**…**黒《くろ》澤《さわ》明《あきら》監《かん》督《とく》**が在命ならば、きっと映画化するだろう、数千頭の牛たちの壮絶な阿讃越え。そこに展開する人と借《かり》耕《こ》牛《うし》との悲喜こもごも、怒りと涙の感動のドラマの数々。阿波の研究者に指摘される借耕牛残酷物語の真実とは？映画化されないなら、『絵』でと。今、私の出来る唯一の仕事になればと。

「カリコ」の存在は親から子へ、孫へと言い伝えられた。研究者の取材で拾われ、専門家による調査報告がなされた。がしかし、教科書にも載らず授業でとりあげられることもなく、歴史の闇に消え去ろうとしている。
江戸中期から昭和45年まで、250年にわたって讃岐農業を底支えたこの「カリコ慣習」の全貌を**映画化**し、**香川県の無形文化遺産指定**になればと願う昨今です。

この史実を、お年寄りから幼児にも分かりやすいカタチで伝え、あたり前に知って、そして遺したい。風化する前に。今ならまだ間に合う────

2015.3　冨田紀久子

讃岐香川の様々な文化発展を応援します。

文化通心

BUNKA TSUSHIN　2021冬 No.112

財団賞の29年の歩み

財団設立の平成5年から始まった財団賞は、今年で29周年を迎えた。本年度の財団賞を受賞されたのは、牟礼町の石切り唄保存会でした。授賞式では、年度当初に決まった助成金の認定証も併せて授与される。今年度はEclogion、讃岐源之丞保存会、冨田紀久子さんでした。
財団設立の大きな目的は、郷土の文化を大切に考える皆様を応援する事にあります。

この「借耕牛　探訪記」の出版は令和3年度公益財団法人中條文化振興財団助成金交付事業としてご認定を頂き、背中を推して頂いたこと厚く御礼申し上げます。

2021年11月　丑年

コロナ禍のもと　冨田 紀久子 拝

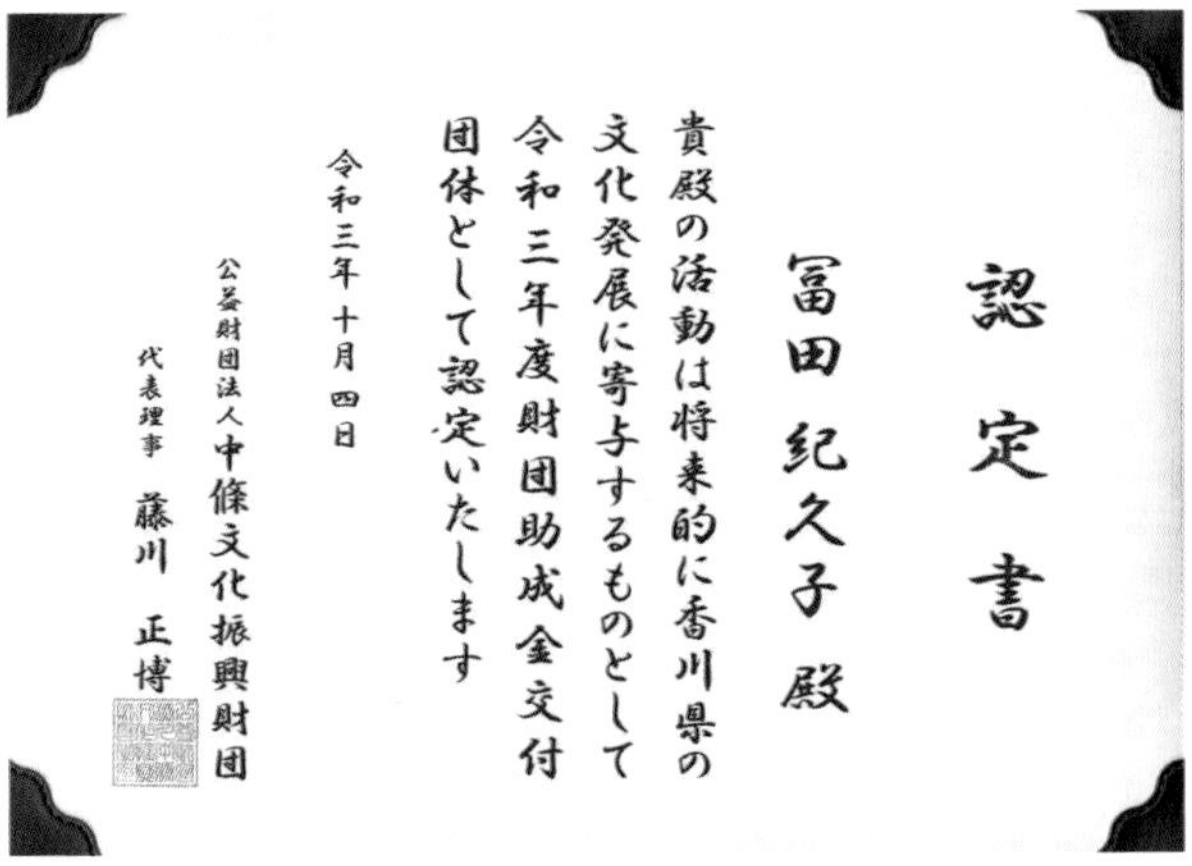

認定書

冨田紀久子殿

貴殿の活動は将来的に香川県の文化発展に寄与するものとして令和三年度財団助成金交付団体として認定いたします

令和三年十月四日

公益財団法人中條文化振興財団
代表理事　藤川　正博

発行：公益財団法人 中條文化振興財団
〒760-0017　高松市番町2丁目1番12号
TEL（087）826-3355　FAX（087）826-2212
2021年冬号　No.112　12月1日発行（季刊）

実りの秋

2020年　冨田　紀久子

F4号

あわ／さぬき　借耕牛探訪記

発行日　令和四年一月二〇日　初版発行

画・文・編　冨田　紀久子
〒七六〇－〇〇七八
香川県高松市今里町一丁目四三〇－三〇
TEL　〇八七－八三四－七〇五一
E-mail yuki@kikukonet.com

発行所　株式会社　美巧社
〒七六〇－〇〇六三
香川県高松市多賀町一－八－一〇
TEL　〇八七－八三三－五八一一
FAX　〇八七－八三五－七五七〇

印刷・製本　株式会社　美巧社

ISBN978-4-86387-156-4 C0039
定価は表紙に記載しております